Kinder schreiben

Erste Erfahrungen mit Schrift im Kindergarten

BILDNACHWEIS

Luke Golobitsh: S. 8
Gabriele Hempfling: S. 99
Rosy Henneberg: S. 86, 92, 93, 111 (oben und Mitte), 118, 130, 135
Stephanie Henrici: S. 23
Wolfgang Huppertz: S. 18, 128
Helke Klein: S. 41, 58, 76, 89, 90 , 102, 104, 111 (unten), 113, 115, 121, 124, 125
Volker Minkus: S. 48, 79, 108

Bibliografische Information Der Deutschen Bibliothek
Die Deutsche Bibliothek verzeichnet diese Publikation in der Deutschen Nationalbibliografie; detaillierte bibliografische Daten sind im Internet über http://dnb.ddb.de abrufbar.

IMPRESSUM

Helke Klein
Kinder schreiben
Erste Erfahrungen mit Schrift im Kindergarten

1. Auflage 2005

Erhard Friedrich Verlag GmbH
D – 30926 Seelze-Velber

Druck: Hahn Druckerei. Printed in Germany.
ISBN: 3-7800-5321-7

Kinder schreiben

Erste Erfahrungen mit Schrift im Kindergarten

von Helke Klein

Kallmeyer

„Der Jüngling Tynelem, der Sohn des Häuptlings Mlertynem, lauschte mit hellem Ohr dem Gespräch der Erwachsenen. Kommende Abenteuer, Begegnungen mit Vertretern anderer Stämme, mit den Tangiten (Weißen) vor allem. Riesige Reichtümer besaßen die, wunderbare Dinge! Die zusammengenähten weißen Blätter aus einem Material, das gebleichter Ringelrobbenhaut glich und auf die eine lebendige menschliche Sprache eingedrückt war, weckten in ihm große Neugier und erregten ihn. Es wurde erzählt, der tangitanische Schamane müsste, um einen Zauberspruch auszusprechen, nur das Gesicht an das weiße Blatt halten, um sich an alle Worte zu erinnern."

Juri Rychteu: Der letzte Schamane: Die Tschuktschen-Saga.
Zürich 2004, S.80f.

Inhalt

Einleitung

Wozu ein Buch über das Schreibenlernen im Kindergartenalter? Beginnt der „Ernst des Lebens" für Kinder nicht schon früh genug, wenn sie mit ca. sechs Jahren in der Schule kommen? Soll der Schreib- und Leseunterricht etwa in den Kindergarten vorverlegt werden? Sicher nicht. Doch die Nach-PISA-Debatte wirft viele Fragen auf, vor allem die, ob nicht viel Lern-Zeit versäumt wird, wenn der Kindergartenalltag vorschulischen Bildungsprozessen nicht mehr Aufmerksamkeit schenkt. Der Druck, das Richtige zu tun, ist für alle Beteiligten groß: Bildungspolitiker und Träger von Kindertagesstätten suchen hektisch nach wirkungsvollen Möglichkeiten, der „PISA-Misere" abzuhelfen. Programme, die phonologische Bewusstheit schulen oder einseitig die kognitiven Kompetenzen fördern, haben Hochkonjunktur. Doch gerät dabei *das einzelne Kind* mit seinen individuellen Voraussetzungen aus dem Blick.

Um den Kindern einen gelingenden Schriftspracherwerb zu ermöglichen, braucht es entschieden mehr als die Schulung phonologischer Bewusstheit oder das isolierte Üben der Feinmotorik. Das Erlernen der Schriftsprache ist wie das der gesprochenen Sprache ein ganzheitlicher Prozess, der jahreslanges Üben und Experimentieren voraussetzt und nicht mit Programmen im letzten Kindergartenjahr abgehandelt werden kann. Kinder müssen lange vor der Einschulung die Möglichkeit zum experimentellen Umgang mit Schriftsprache in all ihren Facetten haben. *„Die Jahre vor der Schule sind eine ideale Bildungszeit, um sich schrittweise in unterschiedliche Schreibhaltungen einzuschreiben – ins kommunikative, werbende Schreiben der ersten Botschaften und Einladungen oder ins erste wissenschaftliche Dokumentieren (etwa einer Tabelle übers eigene Körperwachstum). Im Kindergarten gibt es noch keinen Fächerkanon, keinen Stundentakt, keine Leistungsbewertung, stattdessen Zeit und Spielraum für Irrtümer und Wiederholungen. Zeit für Schreibspaziergänge, fürs Sammeln und Pflücken von Buchstaben auf Graffiti, Kinoplakaten. Streifzüge durch den Schreibwarenladen und Zeit fürs Hantieren in der Schreibecke des Kindergartens mit Schiefertafel, Filzstiften und Computer* (Elschenbroich 2004).

Eine Annäherung an die Schriftsprache, die Entwicklung von *Preliteracy (Elschenbroich 2001a)*, erfordert die Möglichkeit vieler tastender Versuche *mit der Schrift*. Vor ihre Beherrschung ist tausendfaches Üben gesetzt. **Denn Schreiben lernt man nur, indem man schreibt, so wie man Sprechen nur lernt, indem man spricht** – „Fehler" und Umwege inklusive.

Kinder, die schon Vorstellungen darüber entwickeln konnten, wozu Schreiben gut ist, und schon selbst mit Buchstaben experimentiert haben, sind bei der Einschulung im Vorteil. *„Aus diversen Längsschnittuntersuchungen wissen wir nicht nur, dass die vorschulischen Einflüsse von entscheidender Bedeutung für die schulische Entwicklung sind. Es zeichnet sich auch ab, welche Bedingungen späteren Erfolg in der Schule begünstigen: Der spätere Schulerfolg hängt in hohem Maße davon ab, wie viel bereichsspezifisches Vorwissen Kinder schon im Vorschulalter ausbilden."*(Kretschmann 2004, S. 221).

In einer Familie oder einer Kindergartengruppe, die den Umgang mit Schrift im Alltag pflegt, die für sich eine *Schriftumgebung* entwickelt hat, können die Kinder eigenaktiv mit Schrift in vielfältiger Form experimentieren. Ohne Bewertung und Kommentierung fürchten zu müssen, erschließen sich die Kinder den *persönlichen Sinn* des Schreibens und Lesens für sich selbst – eine Grundvoraussetzung, sich auf das Abenteuer Schrift einzulassen.

Zu zeigen, wie der Kindergartenalltag dafür genutzt werden kann, ist Thema dieses Buchs. Es soll Wissen darüber vermitteln, dass und wie Kinder schon lange vor der Einschulung mit dem Schreiben beginnen. Es soll ermutigen, Schrift und den normalen Kindergartenalltag zusammen zu bringen. Meine eigenen Erfahrungen während meiner Tätigkeit in einer Gruppe mit großer Altersmischung, sowie die vieler Kolleginnen mit dem Schreibenlernen im Kindergartenalter möchten Lust auf aktive und aufmerksame Begleitung des Schriftspracherwerbs machen. Dazu gibt es viele praktische Tipps und Anregungen für den Umgang mit Schrift im Kindergarten. Fotos und Faksimiles geben einen Eindruck vom „entwicklungsförderlichen Milieu" (Célestin Freinet) einer Schriftumgebung. Vieles davon kann auch von Eltern aufgegriffen und ausprobiert werden.

KAPITEL I

Schon in einem sehr frühen Alter beginnen Kinder Symbole als Träger von Bedeutungen zu verstehen. Was uns Erwachsenen als „Gekrakel" vorkommen mag, ist in der subjektiven Sicht des Kindes eine sinnvolle Mitteilung. Dieses Kapitel beschreibt den magischen Moment, in dem Kinder die Bedeutung von Schrift entdecken, und wie die Resonanz der Erwachsenen das Interesse an Schrift erhalten und fördern kann. Zum Schluss wird der Spracherfahrungsansatz vorgestellt, der den Schrifterwerb der Kinder besonders kindorientiert zu unterstützen vermag.

Eine Großmutter, ein Urgroßvater, eine Lehrerin und Bullerbü

Mein eigener biografischer Zugang zur Schrift

Ich weiß es noch ganz genau: Ich war ungefähr fünf Jahre alt und hatte die Buchstaben entdeckt. Wie es dazu kam, weiß ich aber nicht mehr. Denn in unserem Winzerhaushalt gab es fast keine Bücher. Doch ich erinnere mich, dass mein Vater sehr stolz darauf war, dass er in seiner Klasse „immer der Beste in Deutsch" war. Er legte großen Wert auf korrekte Rechtschreibung und beherrschte sie perfekt, obwohl er sehr wenig las, eigentlich nur die Tageszeitung, und kaum schrieb. So war trotz fast völliger „Schriftabstinenz" so etwas wie Ehrfurcht vor der Schriftsprache in unserer Familie vorhanden. Vielleicht trug dieser Respekt vor der Schrift dazu bei, dass ich mich für Buchstaben interessierte? Oder habe ich einfach die Schrift in der Zeitung, auf Lebensmittelpackungen und über der Eingangstür unseres Kaufladens wahrgenommen? Im Kindergarten, in den ich ab dem Alter von zwei Jahren gehen musste, habe ich nicht einmal etwas Schriftliches zu sehen bekommen, außer der Bibel, aus der die „Tanten" vorgelesen haben. Sicher aber ist, dass ich meine Großmutter, vielleicht auch meine Mutter, immer wieder gebeten habe, mir Buchstaben vorzuschreiben: meinen Vornamen, den meiner Schwester *Iris, Mama* und *Papa, Oma* und *Opa,* aber auch meinen schwierigen Familiennamen *Wambsganß.* Ich war fasziniert von Buchstaben und wollte mich ständig mit ihnen beschäftigen. Nur meine Großmutter, die uns Kindern auch gern Märchen und Geschichten erzählte, war bereit, sich auf mein hartnäckiges Betteln, mir immer wieder neue Buchstaben aufzuschreiben, einzulassen. Denn wie überall in der Landwirtschaft hatten die Erwachsenen nie Zeit – und schon ganz und gar nicht fürs Schreiben, bevor man in die Schule kam. Aber die Großmutter ließ sich erweichen, mir ab und zu „vorzulesen", was ich „geschrieben" hatte. So las sie aus meinen ungelenken Buchstaben ohne Zögern das Wort „Himbeeren" heraus. Obwohl ich selbst noch nicht lesen konnte, wusste ich, dass das keinesfalls stimmen konnte, dass sie nur

Trotz oder vielleicht wegen der „Schriftabstinenz" in meiner Familie habe ich die Faszination der Schrift entdeckt mir zu Gefallen „Himbeeren" gelesen hatte. Aber gleichzeitig war ich auch sehr stolz, dass sie mir ein „richtiges" Wort zugetraut hatte. Dass ich diese Episode noch heute, nach mehr als 45 Jahren, erinnere, zeigt, wie wichtig diese Resonanz damals für mich war. Sie hat mich angespornt, an den Buchstaben und Wörtern „dran zu bleiben" und immer wieder das Schreiben auszuprobieren, seitenlang.

Plötzlich kann ich lesen ...

Es ist ein magischer Moment, wenn Buchstaben plötzlich einen Sinn ergeben

Ganz genau weiß ich auch noch, wie mir klar war, dass ich lesen konnte. Bei einem Besuch in der Stadt konnte ich plötzlich das Wort *Eis* entziffern. Ich wusste ganz sicher, ohne dass es mir jemand gesagt hätte, dass ich *Eis* gelesen hatte. Nun könnte man einwenden, dass ich das Schild mit dem Wort *Eis* deshalb lesen konnte, weil es über dem Eissalon hing. Oder dass ich *Kaba* auf der Kakaopackung lesen konnte, weil ich wusste, dass da *Kaba* drin war. Aber ich konnte spontan auch alle anderen Wörter lesen, wenn sie nicht zu kompliziert waren. Es war genau so, wie Jürgen Reichen *Lesen durch Schreiben* erklärt (Reichen 2001, S. 20 ff.): Durch das Experimentieren mit Buchstaben „sprangen" mich irgendwann die Wörter richtiggehend „an": Ich musste nicht mühsam Buchstabe für Buchstabe entziffern, sondern konnte die Wörter auf einen Blick sinnerfassend lesen.

Es hat mich eine ganze Weile beschäftigt, was da passiert war. Natürlich wusste ich schon lange, dass das Schild mit den Zeichen *EIS* auf den Eissalon hinwies, schließlich durfte ich bei jedem Stadtbummel da ein *Eis* kaufen. Was passiert war, damit ich aus den Zeichen ein richtiges Wort entziffern konnte, bleibt wohl immer ein Geheimnis. Wie konnte es sein, dass diese gedruckten Zeichen ein Wort ergaben, das etwas ganz bestimmtes, nämlich *Eis* bedeutete – und zwar immer? Es erschien mir wie ein Wunder oder wie ein Naturereignis. Wer hatte sich das bloß ausgedacht? Ob andere Leute das Wort genau so lesen konnten wie ich? Was war Lesen überhaupt?

Viele Fragen, auf die ich keine Antwort hatte. Leider gab es auch niemanden, der sich in gleicher Weise für die mich umtreibenden Fragen interessierte. Ich hatte keine Dialogpartner, mit denen ich meine Hypothesen über das Lesen hätte „abgleichen" können. Wie schön wäre es gewesen, darüber zu reden, was beim Schreiben und Lesen (wahrscheinlich) passiert. Vielleicht hätte ich dann auch angefangen, Briefe oder Botschaften oder Einkaufszettel zu schreiben. Wer weiß? Im Nachhinein kann ich auch nicht mehr sagen, ob ich einen Zusammenhang zwischen Lesen und Schreiben gesehen habe, denn das Schreiben hatte ich ja schon vorher gelernt.

Meine Leidenschaft für die Schrift war jedenfalls geweckt. Ich las die Überschriften in der Tageszeitung, die kleinen Rätsel und Bildgeschichten. Bald hörte ich die Erwachsenen davon reden, dass ich ganz nach meinem Urgroßvater, dem Vater meiner Großmutter, käme, der, so lautete die Familiensage, die ganze Dorfbücherei ausgelesen hätte. Der „Hintergass'-Vater", wie mein Urgroßvater genannt wurde, war auch der Geschichtenerzähler in unserer Familie, und nicht alle fanden seine Leselust normal oder gar bewundernswert. Aber ich habe ihn sehr geliebt und bewundert, denn schließlich hatte er als einziger Mensch im Dorf die *ganze Bücherei ausgelesen!*

Keine Langeweile in der Schule

Die Lehrerin gibt dem schriftbegeisterten Kind neues „Futter"

Kurz nach meiner Entdeckung, dass ich lesen kann, wurde ich eingeschult. Es spielte für mich keine Rolle, dass ich schon lesen und schreiben konnte. Von der so oft beschworenen Langeweile bei Kindern, die schon mit Schriftkompetenzen in die Schule kommen, war bei mir nichts zu spüren. Ich hatte nun endlich, endlich ein Lesebuch! Und eine Lehrerin, Frau Christoph, die meine Begeisterung für die Schrift schnell erkannt hat. Weil ich schon so gut mit Schrift umgehen konnte, durften Kinder, die damit mehr Probleme hatten, neben mir sitzen, und ich zeigte ihnen, wie es geht. Bei Diktaten durften sie sogar bei mir abschreiben. Mann, war ich da stolz! Schon bald bekam ich von Frau Christoph eine ganz besondere Einladung. Ich sollte doch einmal in die Bücherei kommen, die sie betreute. Die bestand aus nichts weiter als aus einem umlaufenden Wandschrank in unserem Klassenraum, der einmal die Woche für zwei Stunden geöffnet wurde – aber für mich war er der Eintritt in eine neue Welt. Und dann geschah ein Wunder: Frau Christoph gab mir ein Buch: Astrid Lindgrens *„Wir Kinder aus Bullerbü"*. Ich war fasziniert von der Welt, die sich da für mich auftat. Kinder, die so alt waren wie ich damals, konnten ungestört spielen – unbehelligt von Erwachsenen. Die gab es zwar auch, aber die hielten sich im Hintergrund und mischten sich selten ein. Das war ganz anders als in meiner Familie, in der streng kontrolliert wurde, ob wir Kinder die uns aufgetragenen Aufgaben auch erledigten, so dass mir keine Zeit zum Lesen blieb.

Das Vorbild der Erwachsenen und ihr Interesse am Kind können lebenslange Wirkungen entfalten

„Bullerbü" wurde für mich zu einem „Prinzip Hoffnung". Ich konnte schwarz auf weiß lesen, dass es eine Welt gab, in der Kinder den nötigen Freiraum für ihre Entfaltung erhalten, in der sie Abenteuer erleben und viel Spaß miteinander haben können, und – meine Lieblingsvorstellung – in der sie ungestört Hunderte von Büchern lesen konnten. (Noch heute fällt mir immer als erstes „Bullerbü" ein, wenn ich zum Beispiel ein Passwort brauche.)

Ich war Frau Christoph unendlich dankbar, dass sie mir einen so überwältigenden Zugang zur Literatur ermöglichte. Und sie war weiter wichtig für mich: Sie hat mich ermutigt, das Abitur zu machen und meinen eigenen Weg zu gehen. Und nicht zuletzt denke ich, dass sie und mein Urgroßvater ausschlaggebend waren, dass ich Bibliothekarin geworden bin, und das Thema Lesen- und Schreibenlernen zu einem „Lebensthema" wurde.

Das Lesen als Leidenschaft blieb mir – unabhängig von den eher negativen Erfahrungen in der weiterführenden Schule, wo Werke der Weltliteratur didaktisch aufbereitet und darüber zerredet wurden. Jugendbücher bekam ich damals ganz selten und eher zufällig in die Hand, sie spielten im Unterricht keine Rolle. Zuhause musste ich mehr oder weniger heimlich lesen. Denn dieselbe Großmutter, die meine ersten Schreibversuche begleitete, wachte wie ein Zerberus darüber, dass ich meine Pflichten erledigte, und die bestanden nun mal nicht in Lesen. Im Winter, wenn in den Weinbergen nichts zu tun war, habe ich jede freie Minute genutzt, um zu lesen. Ich habe auf viele Schlittenpartien verzichtet, nur um endlich an einem Buch weiter lesen zu können. Geschrieben habe ich nur in der Schule. Erst als ich begann, Briefe an Freundinnen (und später Liebesbriefe) zu schreiben, merkte ich, dass ich mich schriftlich viel leichter und besser ausdrücken konnte als mündlich. Das hat aber nicht dazu geführt, dass ich begonnen hätte, Tagebuch oder andere Texte zu schreiben. Erst später, als ich meine erste Stelle in der Marburger Universitätsbibliothek angetreten hatte, habe ich in der Redaktion einer Betriebszeitung mitgearbeitet und selbst viel geschrieben.

Lisas Geschichten

Das Schreibenlernen wurde für mich dann wieder zum Thema, als Lisa, unsere Tochter, anfing, sich für die Schrift zu interessieren. Mit ihr konnte ich aus einer anderen Perspektive, nämlich der begleitenden Erwachsenen erleben, wie anrührend die ersten Schreibversuche eines Kindes sind, das noch keine Vor-

Lisas erste Schreibversuche. Sie war zwei Jahre alt.

stellung von der Funktionsweise der Schriftsprache hat. Als Lisa zwei Jahre alt war, hat sie das Bild auf Seite 13 gemalt.

Aus heutiger Sicht würde ich dieses „Bild" als ersten Schreibversuch werten – damals wusste ich noch nicht sehr viel darüber, wie Kinder das Schreiben lernen. Aber mir war klar, dass ein Kind, das *beginnt* zu schreiben, natürlich noch nicht schreiben *kann*. So bekam Lisa viele Möglichkeiten, das Schreiben zu „üben", ohne Bewertung, aber mit viel Resonanz. Sie hat zu ihren Bildern immer Geschichten erzählt, die mein Mann oder ich für sie aufgeschrieben haben. So konnten die Geschichten „festgehalten" und immer wieder gelesen werden. Lisa hat aus ihren Bildergeschichten Kalender für ihre Oma gestaltet und die Bilder fast immer „signiert". Auch später in der Schule hat sie mit viel Begeisterung Geschichten geschrieben und als Teenager Tagebuch.

Lisa (fünf Jahre), Geschichte zum Bild: „Das ist ein Zirkus. Da ist die Dame und der Mann, die führen etwas mit dem Kamel vor. Das Kamel hat Masern, und die Zuschauer sind so klein, weil sie so weit hinten sitzen. Das Kamel ist traurig."

Als Leiterin der Kinder- und Jugendbibliothek Wiesbaden, wurde das Schreibenlernen erst dann für mich zu einem wichtigen Thema, als ich unzufrieden mit der damals praktizierten Leseförderung war und mir Alternativen dazu überlegte. Leseförderung beschränkte sich bis dahin zumeist auf Vorlesestunden mit anschließendem Malen oder Basteln. Das erschien mir zu wenig. Meine Erfahrungen mit Schreibwerkstätten in Projekten des Jugendamts mit großem Echo bei den Kindern überzeugten mich, dass die beste Form von Leseförderung die ist, wenn Kinder sich eigenaktiv mit Schrift auseinander setzen können. Mit Lust und Spaß Geschichten erfinden und aufschreiben, Sprach- und Wortspiele machen, verschiedene Textformen ausprobieren, reimen, dabei etwas über sich mitteilen – all das passiert, wenn Kinder ohne Bewertung mit Sprache experimentieren können. Dabei hatte ich natürlich in erster Linie Schulkinder im Blick, die schon lesen und schreiben konnten.

Die beste Leseförderung ist die selbstaktive, spielerische Auseinandersetzung mit Schrift – ohne Bewertung

Das änderte sich erst, als ich mich entschied, in einer Gruppe mit großer Altersmischung zu arbeiten, also mit Kindern von null bis zwölf Jahren, der „Schlümpfe-Gruppe". Den „Schlümpfen" verdanke ich einen Großteil meiner Erfahrungen. Ich war erstaunt zu erleben, dass schon Zweijährige ein erstes Interesse für Schrift zeigten und einzelne Dreijährige bereits ihren Namen schreiben konnten. Meine Erfahrung war aber auch, dass sowohl Eltern als auch Erzieherinnen mir nicht glaubten, wenn ich von meinen Beobachtungen erzählte. Um den Kindern viele Gelegenheiten zum Schreiben zu bieten, und ihnen Erfahrungen mit Schrift in vielfältiger Form und Funktion zu ermöglichen, war mein Augenmerk bald darauf gerichtet, möglichst viele „Schreibanlässe" im Gruppenalltag zu schaffen (siehe Seite 71).

Meine Erfahrungen fand ich bestätigt in den Forschungsergebnissen der Wissenschaftler um den *Spracherfahrungsansatz*.

Das hat mich ermutigt, das Thema weiter zu verfolgen und noch genauer hinzuschauen, wie Kinder ihre tastenden Versuche mit Schrift machen; sie dabei zu beobachten, wie sie die Schrift für sich jeweils neu *erfinden* (Hans Brügelmann) und dabei sozusagen die Entwicklungsgeschichte der Schrift von 4000 Jahren für sich in ein paar Jahren nachvollziehen. (Brügelmann 1998, S. 44 ff.) Ich bin inzwischen davon überzeugt, dass jedes Kind das *Recht* hat, sich lange vor der Einschulung mit Schrift zu beschäftigen, sie zu erforschen und damit zu experimentieren, wie Kinder es mit allem tun, was sie umgibt – sofern sie von ihrer Umgebung nicht daran gehindert werden durch Ignoranz oder Bewertung. Aus dieser Überzeugung heraus habe ich dieses Buch geschrieben.

Der Spracherfahrungsansatz

Die Schwierigkeiten mit dem Fibelunterricht wurden schon früh erkannt. Immer wieder wurden Alternativen gesucht und auch gefunden:

- Maria MONTESSORI ließ die Kinder zuerst Schreibbewegungen üben. Durch Sehen, Fühlen, Tasten, Nachfahren der Buchstaben auf Sandpapier wird die Buchstabenform multisensorisch eingeprägt.
- Célestin FREINET ließ die Kinder ihre Umwelt bei den Bauern und Handwerkern im Dorf erfahren. Die Beobachtungen verarbeiteten die Kinder mit einer Druckerpresse zu Klassenzeitungen und gedruckten Berichten. Erleben, Sprechen, Lesen und Schreiben gehen in der Freinet-Pädagogik eine innige Verbindung miteinander ein.
- Auch deutsche Reformpädagogen empfahlen, mit den Kindern eigene Fibeln aus gemeinsamen Erlebnissen heraus zu entwickeln. – In der Waldorf-Pädagogik beginnt man mit dem Schreibenlernen, wobei man Grapheme aus rhythmischen Bewegungsmustern, die Phoneme aus lautmalerischen Geschichten und Gedichten heraus entwickelt.
- S. ASHTON-WARNER unterrichtete in den vierziger Jahren eingeborene Maori-Kinder in Neuseeland. Aufgrund tiefenpsychologischer Überlegungen ging sie davon aus, dass solche Wörter bevorzugt gelernt werden, die an unterbewusste Prozesse rühren. Sie überließ den Kindern die Wortauswahl und stellte fest, dass den Kindern das Erlernen so genannter sex-hate-and-fear-words keine Schwierigkeiten bereitete.

Alle diese Erfahrungen haben zur Entwicklung des „language-experience-appraoch“, des „Spracherfahrungsansatzes“ beigetragen, der vor allem in England die Lesedidaktik nachhaltig beeinflusst hat. Seine Prinzipien lassen sich wie folgt zusammenfassen:

- Schrift ist Abbild gesprochener Sprache. Je weiter die Sprachentwicklung der Kinder ist, desto erfolgreicher verläuft das Lesen- und Schreibenlernen. Die Kinder erhalten daher häufig Sprechanlässe. Die Lehrerin hält die Kinder zum Verbalisieren an: „Tell me, what you are doing.“
- Der Lesestart soll in der Eigensprache der Kinder erfolgen. Um die Anfänger nicht zu verwirren, soll die Lehrerin darauf achten, welche Wendungen Kinder verwenden. Diese Wörter und Ausdrucksweisen sollen in die ersten Lesetexte einfließen.

- Die Texte sollen Erlebnisse widerspiegeln, die für die Kinder eine persönliche Bedeutung haben. Die Lehrerin unterhält sich in einer morgendlichen Gesprächsrunde mit den Kindern und verfertigt, solange die Kinder noch nicht selber schreiben können, kleine Texte über die Themen, welche die Kinder bewegen – für einzelne Kinder oder alle.
- Die Kinder sollen so früh wie möglich eigene Vorstellungen und Erfahrungen aufschreiben können. Lesen und Schreiben (mit Druckschrift) werden daher parallel geübt. Schon im ersten Halbjahr werden Kinder animiert, unter Verwendung von Wortkarten Texte selbst zu verfertigen.
- Die Kinder erfahren so früh wie möglich, wie sie mit der Schrift ihren Handlungsspielraum erweitern können. Sie erfahren den Gebrauchswert in Form von Briefe-Schreiben, Einkaufszetteln, Backrezepten, Klassenzeitungen oder auch nur bei der Kennzeichnung ihres Eigentums. Der Unterricht ist weitgehend handlungs- und projektorientiert.
- Eine Vielzahl attraktiver Leseangebote im Klassenzimmer und in der Schule soll die Kinder zu eigenen Leseaktivitäten anregen.
- Jedes Kind soll Angebote erfahren, die seinem Kenntnisniveau entsprechen. Es wird akzeptiert, dass die Lernentwicklung unterschiedlich verläuft, dass z. B. einige Kinder bereits umfangreiche Texte verfertigen, während andere sich noch in der Phonem-Graphem-Beziehung üben.
- Die Eltern sollen den Lese- und Schreiblernprozess vorbereiten und begleiten.

Zum Teil werden schon die Eltern von Vorschulkindern in die Schule eingeladen. Dort werden sie informiert, wie wichtig es ist, mit den Kindern zu sprechen und ihnen vorzulesen. Dies setzt sich auch in der Schulzeit fort, wobei die Eltern in die Schule eingeladen werden, um dort ihren und anderen Kindern beim Lesen zuzuhören. Alle diese Bemühungen dienen dem Ziel, die Attraktivität der Schrift und gedruckter Medien zu erhöhen. Im Bewusstsein dieser Herausforderung wird die Schrift als Medium vermittelt, über das die Kinder autonom verfügen können, in dem sie ihre kreativen Bedürfnisse verwirklichen können. Das schließt nicht aus, dass es in einem Unterricht, der nach dem Spracherfahrungsansatz organisiert ist, auch Phasen gibt, in denen mechanisch Lese- und Schreibtechniken geübt werden. Aber man erwartet, dass dort, wo Lesen und Schreiben selbst ein lebendiges Geschehen ist, die Kinder bereitwilliger üben" (Kretschmann u. a. 1990, S. 39 f.).

KAPITEL II

In diesem Kapitel wird genauer beschrieben, wie der Schrifterwerbsprozess beim Kind vor sich geht. Zahlreiche Beispiele von kindlichen Schreibversuchen illustrieren die Entwicklung von Literacy – der Lese- und Schreibkompetenz – als Schlüsselkompetenz zur persönlichen Bildung und gesellschaftlichen Teilhabe. Sie beschreiben die große Bedeutung des eigenen Namens und die Notwendigkeit, die individuellen Lernwege der Kinder zuzulassen. Jedes Kind entdeckt die Schrift auf seine Weise. Was beim Sprechenlernen selbstverständlich ist, sollte auch fürs Schreibenlernen gelten: Erwachsene sollten die Versuche der Kinder als Leistungen würdigen.

Das entdeckende Schreiben der Kinder entdecken

Der Beginn des Schreibenlernens

Die Entwicklung von Preliteracy

Symbolverständnis und „Zeichensetzung“ beginnen schon in frühester Kindheit

Wie es kommt, dass Kinder schon im Alter von ca. eineinhalb bis zwei Jahren beginnen, sich für die Schriftsprache zu interessieren, ist noch nicht wirklich erforscht. Inzwischen weiß man aber, dass Kinder bereits mit neun Monaten einen entscheidenden Entwicklungsschritt in Richtung Symbolverständnis gehen: Sie erkennen, dass Menschen Absichten verfolgen. Das versetzt sie in die Lage zu verstehen, dass mit Lautäußerungen etwas gemeint, beabsichtigt, gewollt wird, dass also Sprache mit Bedeutung belegt ist. (siehe Butzkamm 2004, S. 62 ff.) Irgendwann zwischen eineinhalb und zwei Jahren kommt der zweite Schritt: Die Kinder entdecken den Zusammenhang von Lautäußerungen und deren symbolischer „Übersetzung“ in Zeichen und Buchstaben.

Es gibt einige Dokumentationen von Eltern über das frühe Interesse ihrer Kinder am Schreiben. Sie belegen anschaulich, wie schon Kleinkinder Interesse an Schriftsprache entwickeln und dann auch beginnen, selbst zu schreiben. (siehe Literaturliste) Kinder, die gerade dabei sind, sprechen zu lernen, lernen parallel, zeitlich etwas versetzt, auch das Schreiben: Sie malen buchstabenähnliche Zeichen in ihre Bilder, sie schreiben „Kritzelbriefe“ und beginnen individuell unterschiedlich die Schrift für sich zu nutzen. Oder sie tun so, als ob sie lesen könnten, indem sie zu Bildern in einer rein aufzählenden Weise erzählen. Diese ersten Experimente sind naturgemäß noch eine sehr rudimentäre Form des Umgangs mit Schrift, die an die *Lallphase* des Spracherwerbs erinnert.

Ein unterstützendes Milieu für frühes Schreiben und Lesen ist eine Umgebung, in der Schrift eine große Rolle spielt. Die Erwachsenen lesen und schreiben häufig im Alltag: Beim Frühstück wird vielleicht die Zeitung gelesen, in der Freizeit Bücher zur Entspannung. Es gibt eine Pinnwand mit Notizen, einen Schreibblock für den Einkaufszettel, Postkarten von Freunden haften am Kühlschrank, Briefe- oder E-Mail-Schreiben sind zum Alltag. Den Kindern wird viel vorgelesen, Bücher gehören selbstverständlich zum Leben. Oft sind auch ältere Geschwister da, die ihr Wissen über das Schreiben und Lesen gern an die Jüngeren weitergeben, indem sie mit ihnen Schule „spielen", ihnen zeigen, wie der eigene Name geschrieben wird usw.

Doch *vor allem* scheint es der wohlwollende, nicht bewertende Umgang der Erwachsenen mit den ersten Schriftexperimenten zu sein, der die Kinder dazu ermutigt, weiterzumachen. Und natürlich ist das Allerwichtigste: dass überhaupt *wahrgenommen* wird, dass ein Kind „schreibt" bzw. mit Buchstaben experimentiert. Denn viele Erwachsene glauben einfach nicht, dass Kinder sich schon so früh für Schrift interessieren, dass sie beginnen, das auszubilden, was als Preliteracy, angestoßen von Impulsen aus den angelsächsischen Ländern, allmählich auch in Deutschland zunehmend Aufmerksamkeit gewinnt.

Erwachsene müssen wohlwollend und nicht-bewertend wahrnehmen, dass Kinder schreiben

Wenn Kinder sich mit Schrift beschäftigen, obwohl sie noch nicht lesen und schreiben können, wenn sie so tun „als ob", dann können wir von *Preliteracy* sprechen – einer Entwicklungsphase *vor* dem tatsächlichen Schreiben- und Lesen*können*. Kinder nähern sich der Schriftsprache an, *indem* sie sie gebrauchen, als könnten sie schon schreiben, etwa in Form von „Kritzelbriefen", dem Üben ihrer „Unterschrift", dem Erforschen der äußeren Form der Buchstaben. Indem sie Schrift gebrauchen, lernen sie beiläufig deren Sinn und Funktion kennen. In tastenden Versuchen entdecken bzw. „erfinden" sie die Schrift für sich. Diese eigenaktive Erforschung kann ihnen niemand abnehmen oder „beibringen", sie müssen den Weg zur Schrift selbst gehen, in ihrem eigenen Rhythmus. Ein entwicklungsförderliches Milieu und Erwachsene, die anerkennen, dass die Kinder Schreiben und Lesen erst *lernen*, sind dabei wichtige Bündnispartner.

Balouette, das Kind, das schreiben, aber nicht lesen will

Balouette ist ein Jahr und acht Monate alt, als ihr Vater Célestin Freinet folgende Szene beobachtet:

„Balouette sah mich mit einem Bleistift auf ein schönes weißes Blatt schreiben, und sie spürte Verlangen danach, mich

nachzuahmen. Sie nimmt einen Bleistift, den sie ungeschickt wie einen Stiel anpackt. So gab es eine Enttäuschung, nichts war auf dem Papier! Aber mit dem anderen Ende, welch ein Wunder! Jede Bewegung der Hand hinterlässt eine zauberhafte Spur. Die Linien verdoppeln oder kreuzen sich ganz nach Zufall, ohne jeglichen Versuch der Koordination und doch, aus diesem ersten, noch formlosen Zeichnen entstehen, wie wir sehen werden, fortlaufend genauere und feinere graphische Formen.

Ein Vater beobachtet seine Tochter beim Schreiben: akribische Aufzeichnungen des Pädagogen Célestin Freinet

Das Kind aber ist nicht zufrieden mit seinem Werk. Sie hat andere Kinder beobachtet, die gewissenhaft an ihrem Bleistift saugen, bevor sie schreiben, und sie fragt sich spontan, ob das Geheimnis ihres Erfolgs nicht in diesem Tun begründet sei, und sie wiederholt es wie eine heilige Handlung. Und nun benetzt Balouette immer wieder ihren Stift und versieht das Blatt mit unförmigen Strichen, die trotz allem schon in sich ein erster Erfolg sind. Das Gekritzel, das zuerst völlig formlos war, wird langsam geordnet. Die Finger gewinnen eine gewisse Fertigkeit, die zu besonderen Spuren führt, bei denen sich das Kind mehr oder weniger lange aufhält. Diese erste Beherrschung des Werkzeugs ist ohne Zweifel ein Fortschritt und ein Sieg."(Freinet 2000, S. 360 f.)

Balouette hat schreiben (und später lesen) gelernt, indem sie sich auf eigenen Wegen experimentell mit der Schrift beschäftigt hat. Die Eltern haben sie dabei aufmerksam begleitet, beobachtet, wie sie aus ihren Zeichnungen einzelne Buchstaben herauslöst, schließlich seitenlange, formvollendete Briefe an Bekannte schreibt und die Schrift für sich in ihren unterschiedlichsten Funktionen benutzen lernt. Ihre tastenden Versuche werden dabei immer als kreative Lösungsversuche angesehen und entsprechend gewürdigt. Freinet meint, Balouette hätte nach und nach die Schrift „wieder erfunden". Sie konstruiert ihre Lese- und Schreibfähigkeit selbst.

Balouettes Weigerung, mit dem Schreiben auch das Lesen zu lernen, wurde voller Vertrauen darauf, dass sie es dann lernen wird, wenn es für sie Sinn ergibt, akzeptiert. Sie weigert sich, zu lesen, was sie nicht versteht. Sie will zunächst den Sinn der neuen Wörter kennen, bevor sie sie liest. Mit sechseinhalb Jahren, nachdem sie gelernt hat, mit der Druckerei umzugehen, bietet sie ihrem Vater an: *„‚Jetzt würde ich ihnen* (den Kindern der ersten Klasse, HK) *gerne das Lesen und Schreiben beibringen.' Und Balouette, die scheinbar nicht lesen kann, bringt die Kleinen zum Lesen. Dann motiviert sie die Kleinen sehr gut zum Abschreiben und Illustrieren des Textes. Und die Klasse ist zufrieden"* (Freinet 2000, S. 400).

Sie ist sieben Jahre und drei Monate alt, als sie sich ein Buch nimmt und *„... ganz plötzlich wird sie sich bewusst, dass sie wahrhaftig die Technik des Lesens beherrscht, und dass sie das, was geschrieben oder gedruckt wird, versteht."* (Freinet 2000, S. 402).

Die Faszination, die von der Entdeckung des Buchstabens ausgeht ...

Ein Sohn verblüfft seine Mutter durch die frühe Erkennung von Buchstaben

Tom, ein Kind aus meinem Bekanntenkreis, ist erst etwas mehr als ein Jahr alt, als er seine Mutter dadurch verblüfft, dass er einzelne Buchstaben wiederholt, wenn sie mit ihm Bücher anschaut. Er zeigt zum Beispiel immer wieder auf das „P" und möchte, dass seine Mutter „P" sagt. Er wiederholt es für sich: „P", und erkennt bald das „P" auch in anderen Zusammenhängen, zum Beispiel auf dem Aufdruck eines T-Shirts seines Vaters. Er zeigt mit dem Finger darauf und sagt „P". Bald kommt „E" dazu, dann das „T" wie Tom. Seine Mutter hätte es nicht für möglich gehalten, was sie bei ihrem kleinen Tom erlebt, wenn sie nicht schon Einiges über den Schriftspracherwerb gewusst hätte. Sie erlebt aber auch, dass Verwandte und Freunde glauben, sie hätte ihr Kind darauf „dressiert", sich mit Schrift zu beschäftigen. Aber man muss Tom nur dabei beobachten, wie er ein Buch anschaut, wie er sorgfältig seinen rechten Zeigefinger befeuchtet und andächtig die Seiten umblättert, wie er sich freut, wenn er einen Buchstaben erkennt und darauf deutet: „P"! Er entwickelt für sich auch „Buchstabenspiele": So ist er dabei zu beobachten, wie er eine Tomatenkonserve über den Fußboden rollt und dazu sagt: „Mate"... „Mate" „Tomate" ... „Tom" ... „Thomas". Thomas ist der Name seines Cousins, den er sich bisher geweigert hat auszusprechen. Wenn seine Mutter einen Einkaufszettel schreibt, setzt er sich zu ihr an den Küchentisch und schreibt auch einen Zettel mit einem eigenen Schreibstift. Malen ist für ihn eine ganz andere Sache, die erledigt er an einem anderen Tisch mit den „anderen" Stiften. Tom ist inzwischen drei Jahre alt und kennt schon das ganze Alphabet. In seinem Zimmer hängt auf seinen Wunsch hin eine Anlauttabelle. Sein abendliches Kuschelritual besteht darin, dass sein Vater dem Schaf, einer Handpuppe, Fragen nach einzelnen Buchstaben stellen muss, zum Beispiel: „Was ist das „H?" Das Schaf muss dann antworten: „Das ist der Hahn!" (auf der Anlauttabelle). Toms Kommentar dazu: „Das Schaf soll was lernen."

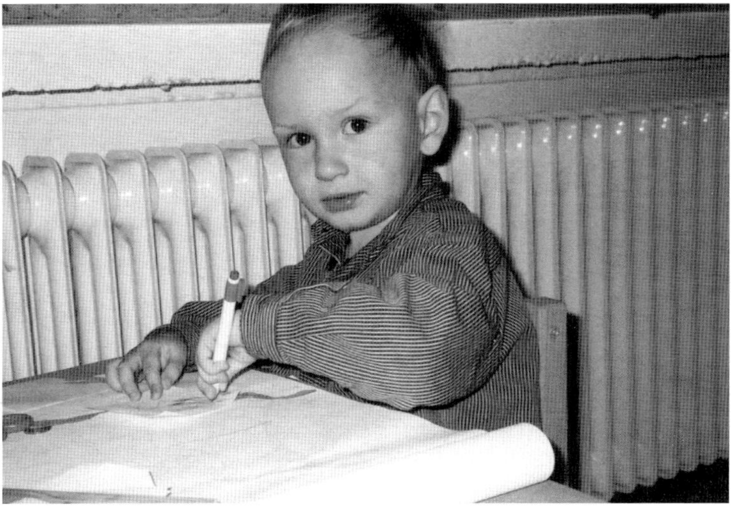

Hier schreibt Tom, zweieinhalb, einen Einkaufszettel mit einem richtigen „Schreibstift" am „Schreibtisch".

Auch Henning, zweieinhalb Jahre alt, interessiert sich schon eine ganze Weile für Buchstaben. Seine Mutter erzählt, dass für ihn Parkplätze im Moment der absolute Hit seien. Dabei scheinen aber weniger die Autos von Interesse, als das weiße „P" auf blauem Grund, denn Henning möchte immer wieder, dass sie „P" sagt. Auch er erkennt das „P" inzwischen auf der Schreibmaschine in der Bibliothek, in Bilderbüchern, auf Reklameschildern und Litfaß-Säulen. Er bekommt sehr viel vorgelesen und kennt alle seine Lieblingsbücher auswendig.

Wenn seine Mutter in der Bibliothek Bücher ausleiht, bekommt auch Henning eine Karte, auf der er sich „einträgt". Wie es kommt, dass er sich so sehr für Buchstaben interessiert, ist für seine Mutter ziemlich klar: Sie hat ihm von Anfang an vorgelesen, er durfte sich die Bücher immer selbst aussuchen, und sie hat sie ihm immer wieder vorgelesen.

Weshalb Tom und Hennig sich beide so brennend für das „P" interessieren, wissen wir nicht. Wenn wir sie lange genug bewusst beobachtet hätten, hätten sie uns vielleicht einen Anhaltspunkt gegeben. Meist aber kommt das frühe Interesse von Kindern für Buchstaben und Schrift sozusagen aus dem Nichts und sehr überraschend für Erwachsene.

Das Interesse für Buchstaben kommt aus dem „Nichts" – wie Kinder ihnen Bedeutung geben, entgeht Erwachsenen

Was wir vermuten müssen, ist, dass beide Kinder etwas Persönliches mit Buchstaben überhaupt und vielleicht dem „P" im Besonderen verbinden. Das sind vielleicht angenehme Erfahrungen, vielleicht schöne Beziehungserlebnisse, vielleicht auch einfach nur die Form des Buchstabens, die Tom und Henning „ins Auge springt" oder die Freude des Wiedererkennens. Manche Kinder lernen anscheinend auf diese Weise schon sehr früh das Lesen. Immer wieder fallen schon Drei- oder Vierjährige auf, die sich selbst das Lesen „beigebracht" haben, ohne dass Erwachsene beobachten konnten, *wie* sie es gelernt haben.

„Das Auge schläft, bis es der Geist mit einer Frage weckt.", sagen die Pädagoginnen aus Reggio/Emilia in Italien und meinen damit, dass Kinder (wie auch Erwachsene) Dinge in ihrer Umgebung erst dann forschend und entdeckend wahrnehmen, wenn sie etwas mit ihnen selbst zu tun haben, wenn sie also in eine ganz persönliche Beziehung zu ihnen treten und deshalb eigene Fragen an sie richten können.

„Lernen im Kontext", also Lernen in bedeutsamen Zusammenhängen, nennt das der Bildungsforscher Gerd E. Schäfer. Worte, Dinge und eben auch Symbole wie Schriftzeichen bekommen immer erst dann einen Sinn, wenn sie auf irgendeine Weise mit dem persönlichen Erfahrungshorizont verknüpft sind. Gerd E. Schäfer erklärt dies an einem Beispiel: *„Wenn ein kleines Kind eifrig an der Tischdecke zieht und schließlich mit der Decke das Geschirr zu Boden wirft, dann deshalb, weil es den Kontext nicht kennt, in dem die Tischdecke bei uns eine Rolle spielt; weil es noch nicht weiß, dass in vielen Fällen Tischdecke und Frühstücksgeschirr einen Zusammenhang bilden."*(Schäfer 2004, Seite 11).

Buchstaben werden ebenfalls in einem persönlichen Kontext wahrgenommen oder gar nicht. Es ist für uns Erwachsene gar nicht so wichtig, diesen Kontext genau zu kennen. In der Regel wird er sich aus einer ganzen Fülle von Erlebnissen und Erfahrungen zusammensetzen. Wichtig für uns ist es, zu wissen, dass es ihn gibt und dass sowohl Tom wie Henning persönlich „sehr gute Gründe haben“, sich ausgerechnet für das „P“ zu interessieren.

Die von Kleinkindern hingekrakelten Buchstaben werden aber nicht immer und nicht gleich als solche anerkannt. Es bedarf genauer Beobachtung, um etwas über ihre frühen Schreibexperimente zu erfahren und natürlich das Wissen darüber, dass das, was Kinder da hinkritzeln, schon Schrift *ist!* Für Erwachsene ist der Unterschied zwischen dem Zeichnen oder Malen und dem Schreiben bzw. der Übergang von einem ins andere nicht immer leicht zu sehen. Doch die Kinder wissen selbst meistens sehr genau, dass sie etwas geschrieben haben.

Unsere Tochter Lisa hat knapp vor ihrem dritten Geburtstag „geschrieben“ und dazu gesagt: „Das ist ein ‚I‘ und ein ‚A‘.“ Irgendwie hat sie einen Zusammenhang zwischen dem, was sie

Was Kinder „schreiben“, wissen sie meist sehr genau

zu Papier gebracht hat, und den Lauten hergestellt – wie wissen wir nicht. Auch wenn die Buchstaben nicht wirklich zu erkennen sind, war für Lisa klar, dass sie „geschrieben" hat. Dass es ein „I" und ein „A" gibt, weiß sie vom Vorlesen. Beim Bilderbuchbetrachten und dem Lesen des Textes haben wir immer mal wieder auf einzelne Buchstaben gezeigt und den Laut ausgesprochen. Vielleicht hat sich Lisa diese beiden Buchstaben gemerkt, weil sie in ihrem Namen vorkommen?

Um festzustellen, ob ein Kind „schreibt", genügt es, beispielsweise einfach die Hypothese in den Raum stellen: „Du hast da ja etwas geschrieben?!" Die Kinder werden das bestätigen oder nicht – und schon beginnt der Dialog darüber. Am einfachsten ist es, ihnen Gelegenheiten zum Schreiben zu bieten und darauf zu achten, in welcher ganz individuellen Weise sie Schriftzeichen für sich selbst nutzbar machen.

Yannicks Unterschrift

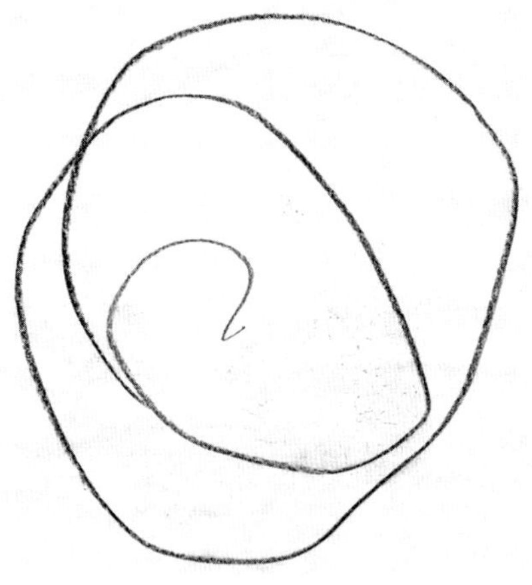

Dazu ein Beispiel:

Yannick, zweieinhalb Jahre, ist seit einem Jahr in der „Schlümpfe- Gruppe", einer Gruppe mit großer Altersmischung, und erlebt, dass im Alltag viel mit Schrift geregelt wird. Er leiht oft Spielsachen aus und weiß, dass er den „Ausleihzettel" unterschreiben muss, wenn alles seine Richtigkeit haben soll. Das ist sein Erfahrungshintergrund der Kontext, in dem er den Nutzen der Schrift das erste Mal selbst für sich entdeckt.

Als er mit seinen Eltern irgendwann einmal deren Reisepässe abholen geht und sieht, dass sie ihren Pass unterschreiben müssen, fragt er den Beamten, wo er denn seinen Pass unterschreiben soll. Er bekommt einen Extrazettel, auf dem er unterschreibt:
Die „Unterschrift" besteht für uns Erwachsene aus nichts als einem noch undefinierbaren Krakel, doch für Yannick ist es ganz klar seine Unterschrift. Mehr noch: Weil er noch gar keine Vorstellung davon hat, wie sich Schrift zusammensetzt und auch noch keinen Anlass, danach zu fragen oder es zu erforschen, erfindet er seine eigene Schrift. Im weiteren Verlauf überträgt er nun diese Erfahrungen auf ähnliche Zusammenhänge und beginnt, Schriftzeichen auch dort für sich zu nutzen. Interessant ist dabei, dass er weiterhin bei seiner eigenen Symbolschrift bleibt und sie sogar verfeinert.

Wenn er anderen etwas Wichtiges sagen will, aber nicht direkt, bittet er z. B. mich, dass ich es für ihn aufschreibe – und natürlich unterschreibt er die Mitteilung, damit alle wissen, dass das sein Zettel ist. Immer wieder übt er seine „Unterschrift", wie hier auf diesem Zettel zu sehen ist:

Yannick übt seine Unterschrift immer wieder

Nebenbei bemerkt: Kinder sind Perfektionisten. Sie stellen sich hohe Ansprüche und verspüren den Drang, etwas immer besser zu können, Fähigkeiten also zu perfektionieren – sofern man sie es selbst entdecken lässt und die Fortschritte sieht, statt die Fehler zu bemängeln. Yannick jedenfalls gehört zu diesen Perfektionisten. Er übt „seine Schrift", immer und immer wieder, so lange, bis er selbst damit zufrieden ist.

Manche Kinder eignen sich die Schrift an, indem sie sich Form und Lautwert der Buchstaben merken, ohne dass sie (sichtbar) selbst schreiben. Sie können schon früh, manche Kinder mit drei Jahren, zum Erstaunen ihrer Eltern und Erzieherinnen sinnerfassend lesen, ohne dass vorher jemand bewusst registriert hat, dass sie sich mit der Schrift beschäftigen. *Wie* Kinder zu „Spontanlesern" werden, können wir nur vermuten.

Der fünfjährige Joshua entdeckt die Buchstabe-Laut-Zuordnung

Kinder entwickeln selbst Vorstellungen davon, was bei ihnen beim Lesen „im Kopf" passiert. Der fünfjährige Joshua, beispielsweise hat seiner Erzieherin erzählt, wie das bei ihm war, als er Lesen lernte: *„Die Mutti hat mir Sachen aufgeschrieben, und ich hab gelesen, was sie geschrieben hat, ganz viele Wörter. Ich kann nur Druckbuchstaben lesen, nicht Schreibschrift. Ich hab auf Plakate oder Schilder in Geschäften gezeigt und habe die Mutti immer gefragt: „Was ist das für ein Buchstabe? Was ist das für ein Buchstabe? Und die Mutti hat es mir gesagt. Ich hab mir jeden einzelnen Buchstaben in meinem Kopf gemerkt, und wenn da so ein anderes Wort steht, dann versetzen sich die Buchstaben einfach in meinem Kopf. Ich lese dann Sachen, dann behalt ich mir das beim Aufschreiben. Dann kann ich mir's halt merken, weil ich kann ja dann lesen, und dann lese ich einfach, was da drauf steht."*

Joshuas Vermutung, dass sich die Buchstaben in seinem Kopf versetzen, „... wenn da so ein anderes Wort steht ...", verweist darauf, dass er erkannt hat, dass Wörter aus einzelnen Lauten zusammengesetzt sind, denen bestimmte Buchstaben entsprechen. Es scheint, dass sich Kinder wie Joshua die Form der Buchstaben über die visuelle Wahrnehmung merken und schnell die Buchstaben-Laut-Entsprechung erkennen. Sie durchlaufen die Phasen des Lesenlernens (siehe Seite 50) offensichtlich im „Zeitraffer".

Es ist vor allem das Verdienst der Wissenschaftler rund um den so genannten Spracherfahrungsansatz, den Blick auf die Bedeutung des frühen Beginns von Schreiben- und Lesenlernen und die Notwendigkeit von vielfältigen Erfahrungen mit Schrift gelenkt zu haben. In vielen Veröffentlichungen weisen sie darauf hin, dass Schreiben- und Lesenlernen ein jahrelanger Lernprozess ist, der schon vor der Einschulung einsetzt und tausendfacher Übungsmöglichkeiten bedarf:

„Lesen- und Schreibenlernen sehen wir als kontinuierlichen Prozess, der in persönlichen Erfahrungen vor, neben und in der Schule wurzelt. Unterschiedliche Fortschritte führen wir zurück auf Entwicklungsunterschiede in diesen Erfahrungen und in den Vorstellungen, die die Kinder aus ihnen entwickeln." (Brügelmann 1989).

Den Prozess des Schreiben- und Lesenlernens gestalten Kinder in eigener Regie

Ihre Forschungen und Beobachtungen machen deutlich, dass Kinder Raum und Zeit brauchen, um *ihren* eigenen Weg zur Schrift zu finden. Sie müssen in eigener Regie den mühevollen Prozess des Schriftspracherwerbs bewältigen. Von entscheidender Bedeutung ist dabei, ob sie im Schreiben und Lesen einen *persönlichen Sinn* für sich entdecken können, und welche Erfahrungen ihre Umgebung ihnen mit Schrift ermöglicht.

Die große Bedeutung des eigenen Namens

Wenn Kinder erste erkennbare Buchstaben und Wörter schreiben, haben die in den meisten Fällen etwas mit ihrem Namen zu tun. Wie bei Yannick und Marc. Oder wie bei Amira: Sie ist knapp drei, als wir bemerken, dass sie sich schon sehr für alles interessiert, was mit Schrift zu tun hat. Vor allem das „A" aus ihrem Namen erkennt sie in allen Variationen und Kombinationen. Als Ann-Katrin, sechs Jahre, ihren Namen schreibt, deutet Amira auf das „A" und sagt: „Das ist wie bei mir und bei Angela." Angela ist Erzieherin in der Nachbargruppe. „Und der Tayeb hat auch so eins." Tayeb ist ihr kleiner Bruder. Sie hat immer wieder ihren Namen von der Liste abgeschrieben, die in unserer Gruppe hing. Auf ihr waren die Zeichen aller Kinder und Erwachsenen zusammen mit dem Namen vermerkt. Irgendwie hatte sie einen Zusammenhang hergestellt zwischen „ihrem" Zeichen, einem blauen Dreieck, und den Buchstaben ihres Namens. Amiras Schreibbegeisterung erhält einen weiteren Schub, als sie die Regenbogen-Anlauttabelle (vgl. S. 112) für sich entdeckt und immer wieder neue Buchstaben schreiben lernt. Sie freut sich sehr, wenn die Erwachsenen sehen, dass sie einen „neuen" Buchstaben gelernt hat und jetzt schon „Tayeb", „Papa", „Mama" und natürlich „Amira" schreiben kann.

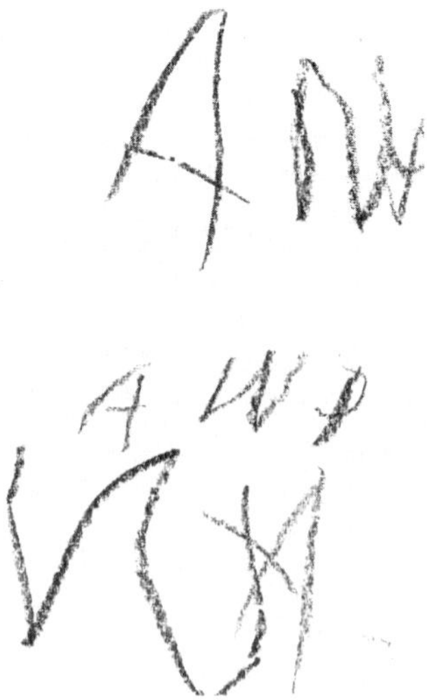

Amiras erste Schreibversuche mit knapp drei Jahren. Vor allem das „A" ist ihr wichtig

Das Namen-Schreiben ist ein Hinweis darauf, dass Schrift von Anfang an „Bedeutungsträger" (Liedel 1992) ist, ein Mittel, um sich von anderen zu unterscheiden, festzuhalten, was einem wichtig ist. Es ist natürlich überhaupt kein Zufall, dass frühes Experimentieren mit Schrift meist damit beginnt, was für das jeweilige Kind am allerwichtigsten ist: die eigene Identität. Die Möglichkeit, den eigenen Namen zu schreiben, kann auch als Möglichkeit gesehen werden, sich selbst quasi unverrückbar und unauslöschbar einen Platz zu geben. Und noch mehr: Steht der Name erst einmal da, sieht man sich selbst immer wieder vor sich, wie in einer Art Spiegel: Hier steht Marc, Amira, Sophie oder Özgün! Wir kennen wohl alle das Gefühl, etwas Bedeutsames zu tun, wenn wir unsere Unterschrift unter einen Vertrag oder einen Aufruf setzen.

Und so geht es auch den Kindern, deshalb fangen fast alle Kinder irgendwann lange vor der Schulzeit an, ihren Namen zu schreiben. Hier werden die Buchstaben sozusagen zu einem Teil von ihnen selbst, aber wie beim Lernen überhaupt, erschließen sich die Kinder die Kunst, ihren Namen zu schreiben, auf ganz unterschiedliche, sehr persönliche und teilweise ganz anrührende Art und Weise:

Hier schreibt Amira Eike, den Namen ihrer Erzieherin und Ann-Katrin, den ihrer großen Freundin. Amira ist Linkshänderin und schreibt zu Beginn viele Buchstaben spiegelverkehrt.

Özgüns Punkte

Özgün z. B. ist knapp fünf Jahre alt, als er damit beginnt. Immer malt er zuerst akribisch die Punkte auf dem „Ö" und dem „Ü" seines Namens, bevor er den Rest schreibt. Punkte scheinen für ihn von großer Bedeutung zu sein. Tatsächlich hat kein anderes Kind in der Gruppe einen Umlaut in seinem Namen.
Vielleicht ist es für ihn so etwas wie ein wichtiges Unterscheidungsmerkmal, etwa im Sinn von: „Ich bin der mit den Punkten auf den Buchstaben!" Wir können es nur vermuten. Özgün hat sich nicht dazu geäußert. Auch wenn er andere Buchstaben schreibt, bekommen sie oft zwei Punkte oder Kreise. Er übt von sich aus jeden Tag das Schreiben, wochenlang.

Özgün sind die Punkte auf seinem Namen sehr wichtig

Deniz' „Es" mit vielen Strichen

Deniz beginnt mit vier Jahren, seinen Namen zu „schreiben". Anfangs ist es eine Ansammlung von Kreisen, bald aber auch „richtige" Buchstaben, allerdings noch nicht in der üblichen Reihenfolge, sondern über das ganze Papier verteilt.
Irgendwann entdecken wir, dass *ihm* vor allem das „E" in seinem Namen wichtig ist. Sein „E" wird noch lange Zeit viel mehr Striche bekommen als üblich, und daran hält er unbeirrt fest.

Mit viereinhalb Jahren hat sich Deniz einen Zettel schreiben lassen, auf dem sein Wunsch zu lesen ist, mit den Schulkindern essen zu dürfen. Natürlich hat er auch dieses wichtige Dokument unterschrieben und natürlich hat sein „E" wieder viele Striche.

Auch seine Bilder werden immer wieder „signiert". Zu diesem hier erzählt er: „Zwei Boote, die fahren im Wasser. Da ist ein Mensch, guck da! Das bist du. Du sollst dich da hin schreiben." Das habe ich dann auch gemacht und Deniz hat mir sein Bild geschenkt.

„SO“ kann „Sophie“ bedeuten – für einige Zeit

Auch Sophie begann schon mit drei Jahren, sich für ihren Namen zu interessieren. Dabei spielte vor allem das „O“ eine Rolle. Sie schrieb O-ähnliche Zeichen und sagte, das heiße „Sophie“. Die Erzieherinnen bestätigten ihr das.
Als Sophie auf die „Regenbogen-Anlauttabelle“ mit Tieren aufmerksam wurde, wollte sie wissen, „mit welchem Tier“ denn ihr Name anfange. Die größeren Kinder, die den Umgang mit Anlauten schon beherrschten, zeigten ihr das „S“ „wie Seestern“. Bald wusste sie, dass „S“ auch der Anfangsbuchstabe von *Sylvia,* so heißt ihre Mama, ist. Zum „O“ kam jetzt das „S“ hinzu: „SO“ stand nun für „Sophie“, manchmal auch „OS“. Auch das wurde ihr von den Erwachsenen bestätigt.

Ab und zu wollte Sophie gern von uns wissen, wie ihr Name geschrieben wird, noch war sie aber damit zufrieden, „SO“ zu schreiben. Eine ganze Zeit war dann Schreiben für sie kein Thema mehr. Als sie etwas über vier war, überraschte sie uns damit, dass sie alle Buchstaben ihres Namens schreiben konnte, allerdings war ihr die Reihenfolge noch nicht wichtig und auch nicht die Raumlage der Buchstaben, aber es waren immer die richtigen Buchstaben! Ihre Bilder, die sie oft zu „Briefen“ oder „Geschenken“ erklärte, hat sie seitdem immer „signiert“. Manchmal schrieb sie in Spiegelschrift oder senkrecht von oben nach unten. Später ließ sie sich von Erwachsenen oder den Schulkindern der Gruppe andere Namen aufschreiben und schrieb sie nach. Über das Üben ihres Namens hat sie Sicherheit gewonnen im Umgang mit der Schrift und konnte sich nach und nach in aller Ruhe und in ihrem eigenen Rhythmus andere Buchstaben „erobern“:

Phillipp schreibt im Wald

Phillipp hatte mit etwa dreieinhalb Jahren seine Feinmotorik noch nicht so weit entwickelt, dass er gut mit Stift und Papier umgehen konnte und vielleicht wollte er es zu diesem Zeitpunkt auch einfach noch nicht. Malen und Basteln gehörten

Sophies allererste Schreibversuche mit etwas über drei Jahren, die „Os" sind deutlich zu erkennen.

Sophie „schreibt" „S"-ähnliche Zeichen.

Hier sind alle Buchstaben von „SOPHIE“ vorhanden, wenn auch noch spiegelverkehrt und noch nicht ganz in der richtigen Reihenfolge.

Mit vier Jahren schreibt Sophie ihren Namen senkrecht von oben nach unten.

Hier schreibt sie ihren Namen fast perfekt. Da ist sie fünf Jahre alt.

überhaupt nicht zu seinen bevorzugten Tätigkeiten. Viel lieber war er draußen, am liebsten im Wald. Dort aber suchte er sich auf seine Weise Möglichkeiten zum Schreiben. Immer hielt er Ausschau nach einem langen Stock, mit dem er durch die Gegend streifen, mal hier kurz an einen Baumstamm schlagen, mal dort auf die Büsche hauen konnte. Und wo immer es möglich war, ritzte er seinen schwierigen Namen in Sand, Matsch oder Schnee, so als würde er sagen wollen: Seht her, ich, Phillipp, war hier. Phillipp hatte lange Zeit nicht den Wunsch, seinen Namen auf Papier zu schreiben.

Die Bedingungen beim Namen-Schreiben sind für den frühen Umgang mit Schrift ansonsten günstig: die Buchstabenanzahl ist begrenzt, ein Kind kann also mühelos ganze Seiten mit Namen beschreiben. Der Übungseffekt ist sozusagen inbegriffen. Es bedarf keiner künstlichen „Schwungübungen" oder anderer sinnentleerter feinmotorischer Übungen. Der persönliche Sinn bewegt die Hand von ganz allein und lässt sie üben. Das Kind merkt gar nicht, dass es übt. Seine Hand ist einfach ein Werkzeug, das es einsetzt, um etwas Sinnvolles zu tun. Außerdem bekommt es fast immer sofort eine Rückmeldung von demjenigen, dessen Namen es schreibt.

Beim Namenschreiben bewegt die persönliche Sinngebung die Hand vonn allein – das Kind übt, ohne es zu merken

Eltern, Geschwister, Großeltern und LEGO

Auch Eltern, Geschwister, Großeltern, andere wichtige Bezugspersonen oder zuweilen auch Dinge bieten sich zum frühen Schreiben an: Mara, drei Jahre alt, ist schrecklich traurig. Eike, ihre liebste Erzieherin, hat die Gruppe verlassen. Sie fragt immer wieder, wann Eike denn wieder kommt und lehnt es ab, sich von den anderen Erwachsenen in der Gruppe trösten zu lassen. Als die größeren Kinder mit der Regenbogen-Anlaut-Tabelle beschäftigt sind und sich darüber unterhalten, mit welchem Anlaut ihr Name beginnt, ist sich Mara ganz sicher, dass ihr Name mit „Ei" wie Eidechse und eben wie Eike anfängt. Sie weigert sich entschieden anzunehmen, dass ihr Name mit „M" anfängt. Es dauert Monate, bis sie akzeptieren kann, dass ihr Name mit „M" beginnt, wie Maus, aber auch wie Matthias und Maksude, die Erzieher, die in der Gruppe geblieben sind. Wir wissen nicht genau, was in Mara vor sich ging, aber es scheint ihr geholfen zu haben, ihre Trauer um Eike zu bewältigen, indem sie den Anlaut „Ei“ für sich reklamierte.

Und zuweilen sind es auch ganz andere Dinge, die Kindern so wichtig sind, dass sie sich daran schriftlich erproben: Heiner, fünf Jahre, zum Beispiel, ist ein absoluter LEGO-Fan. Das LEGO-Logo kann er bald selbst schreiben und er erkennt es überall heraus. Seine Begeisterung geht so weit, dass er ganze Seiten aus dem LEGO-Katalog abschreibt. Schriftlich kann er sich vielleicht sogar leichter ausdrücken als mündlich, denn Heiner stottert ziemlich stark. Vor allem das „L“ in LEGO fällt ihm schwer. Es kommt nicht so leicht über die Lippen wie aufs Papier. Für ihn ist LEGO absolut bedeutsam, so wie dessen Besitz.

Schreiben so lernen dürfen wie das Sprechen

Der Schriftspracherwerb ist ein Prozess , der dem Spracherwerb sehr ähnlich ist, der genau so viel Resonanz, Dialog und Übungsmöglichkeiten braucht wie dieser: Begleitung durch aufmerksame Erwachsene, die *wahrnehmen,* was passiert; die nicht kommentieren und berichtigen, sondern als Vorbild wirken und immer wieder vorsichtige Anregungen und Impulse geben. Wahrzunehmen, dass ein Kind schreibt, ist anfangs viel schwieriger als zu bemerken, dass ein Kind spricht, denn das ist schließlich nicht zu überhören. Weil beim Schreiben die „lautliche" (Wygotski) Seite fehlt, bedarf es genauer Beobachtung, wie die Beispiele von Max, Sophie oder Phillipp gezeigt haben, um Schreibversuche als solche zu erkennen.

Fehler erlaubt – beim Sprechenlernen ...

Beim Sprechenlernen gestehen die Erwachsenen dem Kind wohlwollend das Noch-nicht-Können zu ...

Wie die meisten von uns selbst erfahren haben, begleiten Eltern und Erzieherinnen den Sprachlernprozess in der Regel mit liebevoller Unterstützung. Eltern wissen, dass ein Kind, das Sprechen *lernt,* nicht von Anfang an richtig sprechen *kann.* Während das Kind in der Lallphase die ersten wortähnlichen Laute produziert, antworten sie ihm mit ähnlichen Lauten, sie wiederholen sie immer wieder – vielleicht auch in anderer Betonung oder Tonlage. Wenn sich dann einzelne Wörter herauskristallisieren, werden die im Dialog mit dem Kind wiederholt, es werden neue Wörter ausprobiert usw.

Außerdem erlebt jedes Kind das „Sprachbad" um sich herum und kann die für sich bedeutsamen Wörter und Wendungen herausgreifen und immer wieder üben. Die Erwachsenen reagieren fast immer verständnisvoll auf die sprachlichen Bemühungen eines Kindes: Sagt ein Kind „Baba?", wird sofort verstanden: „Ja, der Papa kommt gleich nach Hause und spielt dann mit dir." Oder sagt es weinend: „Lenny Bagger putt macht", wissen wir, dass Lenny den Bagger kaputt gemacht hat und dass Trost und eine Reparatur fällig sind. „Das ist aber traurig, dass Lenny deinen Bagger kaputt gemacht hat. Wollen wir ihn reparieren?" Das Kind erlebt, dass seine Äußerungen wahrgenommen werden. Es erfährt fast immer Resonanz auf seine Wörter und Sätze. Im Idealfall wird seine noch unvollkommene Sprache nicht direkt verbessert, etwa: „das heißt aber ‚kaputt', nicht ‚put'", sondern es erfährt im Gespräch, wie ein Wort richtig ausgesprochen wird. Dem Kind werden Jahre des Sprechenübens zugestanden. „Fehler" werden vielleicht belächelt, aber nicht sanktioniert. Bei vorschulischen Lernprozessen wie dem Sprechenlernen, werden Fehler als „tastende Versuche" auf dem Weg zum Ziel zumindest akzeptiert. Wer käme wohl auf die Idee, einem Kind seine Sprachversuche ständig zu verbessern, sie sozusagen rot anzustreichen oder gar dem Kind das Sprechen solange zu verbieten, bis es grammatikalisch fehlerfreie Sätze bilden und alle Laute deutlich aussprechen kann?

... aber nicht beim Schreibenlernen!

... während sie bei der Schriftsprache sehr viel strenger mit „Fehlern" umgehen

Beim Schreibenlernen geschieht Entsprechendes sehr wohl. Denn die Auffassung, dass ein Kind wie beim Schreibenlernen eine individuell sehr unterschiedliche *Experimenierphase* braucht, hat sich noch längst nicht überall durchgesetzt. Die Begleitung beim Schreibenlernen ist vielen Fällen von Anfang an eher „fehlerorientiert", das Augenmerk ist vor allem darauf gerichtet, was „falsch" geschrieben wird. Die Leistung, die hinter einem noch sehr unvollkommen geschriebenen Buchstaben steckt, kann mit einer solchen Haltung wohl kaum gesehen und gewürdigt werden.

Das hat bestimmt etwas damit zu tun, dass Schriftspracherwerb mit Schule in Beziehung gesetzt wird, und da muss natürlich „richtig" geschrieben werden, da dürfen keine Fehler gemacht werden! Das haben wir alle so gelernt und verinnerlicht: Die Buchstaben müssen klar erkennbar sein, sie müssen in der richtigen Reihenfolge, möglichst waagerecht in einer Linie stehen und die Wörter sollten orthografisch korrekt geschrieben sein. Sicher liegt es auch daran, dass viele Erwachsene, Eltern wie Erzieherinnen, sehr unsicher sind, wie sie mit den Schriftexperimenten vor der Schule umgehen sollen.

Generell liegt ein hoher Erwartungsdruck auf den Kindern, gleich „richtig" schreiben zu müssen. Dabei *beginnen* sie doch gerade, den Umgang mit Schrift zu üben und müssen sich darüber hinaus über Funktion und Bedeutung des Schreibens erst einmal klar werden. Dafür muss schon im Vorfeld einiges geleistet werden. Bis ein Kind nämlich von seinen physischen Voraussetzungen her zum Schreiben bereit ist, muss es eine gute Augen-Hand-Koordination entwickelt haben und seine Feinmotorik muss entsprechend ausgebildet sein. Das kann im Alltag auf vielfältige Weise geübt werden: Dinge greifen, mit Stiften und Pinseln malen, großflächig und kleinräumig, Schleifen binden, Knoten machen, Teig rühren und kneten, Plätzchen ausstechen, Spaziergänge im Wald machen und Blätter, Eicheln, Kastanien sammeln, Schrauben drehen und Nägel einschlagen, mit Stöckchen im Sand und Schnee zeichnen oder in der Luft, mit Matsch spielen, Autos auf der Rennbahn und Murmeln auf der Murmelbahn sausen lassen, Puppen an- und ausziehen, Brot mit Butter und Marmelade bestreichen und in kleine „Reiterchen" schneiden, Tee eingießen, Perlen auffädeln ... und natürlich schreiben! Denn: *„Das Umgehen-Dürfen mit Schrift ist die Voraussetzung des Lesen- und Schreibenlernens – nicht umgekehrt!"* (Heinrich 1992, S. 19).

Doch das allein wird nicht genügen, damit ein Kind schreiben lernt. Es muss einen Sinn für sich darin erkennen, um sich den Mühen des Schriftspracherwerbs zu unterziehen. Zumal dieser Lernprozess dadurch verkompliziert wird, dass die *„... schriftliche Sprache eine Sprache ohne Intonation, ohne das Musische, Expressive, überhaupt ohne ihre lautliche Seite (ist). Sie ist eine Sprache im Denken, in der Vorstellung, aber eine Sprache, der das wesentlichste Merkmal der mündlichen Sprache fehlt, nämlich der ‚materielle' Laut."* (Wygotski 1977, S. 244 ff.) Außerdem ist die Schriftsprache eine Sprache ohne Gegenüber. Das Schreiben fordert von einem Kind

Deniz hat sich das Spiel „Dreikäsehoch" geholt und schreibt die Buchstaben ab.

Und das ist das Ergebnis.

also zwei Abstraktionen: die von der materiellen, der lautlichen Seite der Schrift und die vom Gesprächspartner. Auch das gilt es zu bedenken bei der Begleitung von Kindern beim Schreibenlernen. Schreibenlernen ist ein sehr sensibler Prozess, der viel Aufmerksamkeit und Ermutigung braucht, um in Gang zu bleiben.

Kinder „erfinden" die Schrift

Kinder vollziehen die Jahrtausende alte Schriftentwicklung nach

Hans Brügelmann, ein bedeutender Vertreter des *Spracherfahrungsansatzes*, geht davon aus, dass Kinder die Schrift nicht einfach *entdecken*, sondern sie vielmehr *erfinden*. Nach seiner Ansicht vollziehen Kinder in ein paar Jahren in etwa den ca. 4000 Jahre langen Prozess der Schriftentwicklung nach. *„Wer sich etwas mit der Geschichte der Schrift auseinandersetzt, hat es leichter zu verstehen, warum Kinder oft Schreibweisen entwickeln, die von unserer Rechtschreibung abweichen."* (Brügelmann 1998, S. 46). Brügelmann beschreibt sehr eindrucksvoll, wie Kinder beispielsweise Laute oder Wörter, die sie noch nicht schreiben können, durch Bilder ersetzen, die sehr viel Ähnlichkeit mit den ägyptischen Hieroglyphen haben. Viele Kinder lassen anfangs die Vokale weg, schreiben also nur die Konsonanten – wie die Phönizier, die als erste das alphabetische Prinzip konsequent anwendeten. Wie bei den ersten Schriften gibt es bei Schreibanfängern noch keine festgelegte Schreibrichtung – mal schreiben sie von links nach rechts, dann von rechts nach links, mal „zeilenwendig" oder senkrecht von oben nach unten. Oder gar spiralenförmig. Auch das Schreiben ohne Abstand zwischen den Wörtern ist bei Kindern zu Beginn ihres Schreiblernprozesses zu beobachten: Oft setzen sie Punkte oder senkrechte Striche zwischen die Wörter, um sie gegeneinander abzugrenzen. Erst die Römer haben die Abstände zwischen den einzelnen Wörtern „erfunden" und es anfangs genauso gemacht wie die Kinder, nämlich mit Punkten oder Strichen abgegrenzt.

Und genauso wie die Schrift im Laufe ihrer Entwicklung den Bedürfnissen der Schreiber und vor allem der Leser angepasst wurde, verändern Kinder entsprechend ihre Schreibweisen. Aber das braucht seine Zeit, wie wir gesehen haben.

Die Karte Anninas an ihre Mutter lautet: „Liebe Ulla, geht's dir gut? Viele Grüße von Annina und Edgar." Annina, vier, grenzt die Wörter mit „X" voneinander ab. Wir wissen nicht, wie sie auf die Idee kam, niemand hat ihr es so gezeigt, sie hat die Lösung selbst gefunden.

Kinder entwickeln eigene Theorien

Kinder entwickeln eigene Hypothesen darüber, in welcher Beziehung Zeichen und ihre Bedeutung stehen

Wenn ein Kind zu schreiben beginnt, muss es also eine Menge leisten. Ihm muss auch klar werden, dass für einen gesprochenen Laut ein oder mehrere geschriebene abstrakte Zeichen stehen. Kinder entwickeln da ihre eigenen Hypothesen: *„Wenn man fünfjährigen Kindern Schriftwörter vorlegt, wie KUH und REGENWURM, deuten viele Kinder auf die kürzere Schriftfolge als das Wort für <Regenwurm>. Die Kinder suchen in dem Schriftwort vermutlich eine Abbildung der inhaltlichen Bedeutung und nicht der Klangdauer der gesprochenen Sprache. Das längere Wort muss also den größeren Gegenstand (oder auch den wichtigeren Menschen) darstellen."* (Brügelmann 1998, S. 25). Eine eigene Theorie entwickelt auch Eveline, von der Hans Brügelmann nach der Anekdote einer Schweizer Lehrerin erzählt: Eveline schreibt die „E"s in ihrem Namen mit vielen Querstrichen, so dass sie einem Kamm sehr ähnlich sehen. Weil sie lange Haare hat, muss sie jeden Morgen eine schreckliche Kämmprozedur erleiden. *„Bis eines Tages – wieder mal beim Kämmen – ein Lächeln über Evelines Gesicht huscht: ‚Jetzt weiß i' endlich, warum i' so viele Kämm' in meinem Namen hab'!' Eveline hat eine Theorie entwickelt. Schriftkundige urteilen schnell: eine falsche Theorie. Evelines Befriedigung rührt daher, dass diese Theorie ihr hilft, ein Stück ihrer eigenen Welt besser zu verstehen. Darum ist diese Erklärung wichtig für sie."* (Brügelmann 1998, S. 17). In den meisten Fällen erfahren Erwachsene gar nichts über die Theorien der Kinder, weil Kinder oft noch nicht in Worte fassen können, was sie beim Experimentieren mit Schrift bewegt und vor allem, was sie darüber denken. Sie halten ihre Gedanken gegenüber Erwachsenen auch deshalb nicht für mitteilenswert, weil sie selbstverständlich davon ausgehen, diese wüssten längst, was sie selbst eben erst herausgefunden haben. Hinzu kommt, dass Kinder ihre eigenen Hypothesen solange nicht in Zweifel ziehen, wie sich keine Notwendigkeit ergibt und deshalb auch keinen Redebedarf spüren. Erwachsene müssen verstehen lernen, dass die vorläufigen Hypothesen von Kindern, also Annahmen darüber wie es sein *könnte*, Schritte sind auf dem Weg zum Verständnis. Und dass diese Schritte notwendig sind, weil erst über sie eine individuelle Beziehung zum jeweiligen Lerngegenstand entstehen kann. Außerdem sind sie in der Regel folgerichtig und entsprechen einer eigenen Logik. Es sind gedankliche *Leistungen*. Schon allein deshalb ist von entscheidender Bedeutung, dass die Überlegungen der Kinder nicht (als falsch) bewertet und abgetan werden. Erwachsene sollten vielmehr interessiert sein und Kindern *Gelegenheiten* geben, ihre Hypothesen zu „überprüfen". Eveline wird irgendwann, wenn es viele Anlässe für sie gibt, sich mit dem Gebrauch des „E's" vertraut zu machen, von selbst auf den Widerspruch kommen, der in ihrer Hypothese liegt. Ganz von selbst, aber natürlich im „dreifachen Dialog" (Andresen 2000) zwischen sich, den Dingen und den anderen Menschen, wird sie auf ihrem Weg zur Schriftsprache irgendwann den „richtigen" Zusammenhang zwischen Schriftzeichen als Abbildung von gesprochenen Lauten zu erkennen.

Literacy als Schlüsselkompetenz

Literacy bedeutet Text- und Sinnverständnis einschließlich Freude am Lesen und Schreiben sowie Abstraktionsfähigkeit und Vertrautheit mit Büchern und Medien

Wie auch immer Kinder die ersten Erfahrungen mit Schrift erleben – als Explosion, wie sie Maria Montessori (1997, S. 137) beschreibt, als allmähliche Annäherung, als „(Wieder-)Erfindung“ oder als Mittel, die Welt besser zu verstehen – immer bedeuten sie eine Bereicherung, eine Erweiterung ihrer Kompetenz. Als *Preliteracy* sind sie wichtige Schritte hin zu dem, was im angelsächsischen Sprachgebrauch als *Literacy* bezeichnet wird. Der Begriff wird im Deutschen mit „Lese- und Schreibkompetenz“ übersetzt. Doch bedeutet er im Englischen sehr viel mehr: etwa Text- und Sinnverständnis, Freude am Lesen und Schreiben, sprachliche Abstraktionsfähigkeit, Vertrautheit im Umgang mit Büchern und mit literarischer Sprache, die Fähigkeit, sich schriftlich auszudrücken und sogar Medienkompetenz.

Kinder lernen beim Lesen- und Schreibenlernen viel mehr als das Beherrschen eines Handwerks. Kinder, die sich aktiv mit Schrift beschäftigen, erhalten Einblicke in Sprachstrukturen, die ihnen allein durch ihre Erfahrungen mit der mündlichen Sprache nicht zugänglich sind. Der vollständige phonologische Aufbau eines Wortes wird erst durch die Widerspiegelung in den Graphemen (Buchstabe bzw. Buchstabenkombination wie „sch“ oder „au“) durchschaubar.

Darüber hinaus ist ein positiver Einfluss auf die Wortschatzentwicklung, die „Sprachflüssigkeit“ und das Weltwissen empirisch nachgewiesen (vgl. Scheerer-Neumann, 1997). Sowohl Kinder als auch erwachsene „Vielleser“ unterscheiden sich von „Weniglesern“ durch einen umfangreicheren Wortschatz und ein ausgeprägteres Wissen über die innerhalb einer Kultur wichtigen Sachverhalte. Beim Lesen – das bezieht sich keineswegs nur auf die Sachtexte – wird Wissen implizit und explizit erworben.

Die Beziehung zwischen Lesen und Wortschatz ist auf die größere sprachliche Vielfalt in geschriebener im Vergleich zur mündlichen Sprache zurückzuführen. Nach einer Untersuchung von Hayes/Ahrens enthält ein Kinderbuch für 9- bis 12-Jährige 50 % mehr seltene Wörter als eine Unterhaltung zwischen fortgeschrittenen Studenten. *Literacy* befähigt die Menschen nicht nur zur schriftlichen Kommunikation, sondern hat große Auswirkungen auf logische, analytische und kritische Denkprozesse, das Erkennen der Bedeutung von Zeit und Raum und andere „höhere kognitive Prozesse". Entwicklungspsychologisch könnte sie die explosionsartigen kognitiven Veränderungen in den Jahren unmittelbar nach dem Schriftspracherwerb erklären.

Literalität ist ein Schlüssel für die Teilhabe am gesellschaftlichen Leben

Schrift ermöglicht eine andere Form der Auseinandersetzung mit Begriffen, Sachverhalten, Aussagen und Meinungen als die gesprochene Sprache: Erst wenn diese schriftlich festgehalten sind, besteht die Möglichkeit, sich immer wieder mit ihnen zu befassen, sie unter verschiedenen Aspekten zu betrachten und zu analysieren. *Literacy*, manchmal auch mit *Literalität* übersetzt, wird auch in der Nach-PISA-Debatte als eine Schlüsselkompetenz für alle weiteren Lernprozesse angesehen, sowie als Voraussetzung für eine befriedigende Lebensführung, privat und beruflich, und die aktive Teilnahme am gesellschaftlichen Leben. (vgl. Deutsches PISA-Konsortium 2001, S. 16) *„Die Fähigkeit zu einem aktiven und selbstsicheren Umgang mit dem Lesen und Schreiben erhält künftig nicht einen kleineren, sondern einen größeren Stellenwert: Der Computer ist Schritt für Schritt von Schrift geleitet."* (Elschenbroich 2004/Film). In anderen europäischen Ländern, aber auch in Israel oder Japan, wird sehr viel für die Herausbildung von *Literacy* getan. In England zum Beispiel bekommen Eltern bei der Geburt ihres Kindes Bücher geschenkt, begleitet von der Aufforderung, ihren Kindern so oft wie möglich vorzulesen. Wolf Erlbruch, ein bekannter Bilderbuch-Illustrator, berichtet der Zeitschrift *Eselsohr (5/2004, S. 14)* von einer ähnlichen Aktion in Frankreich. Sein Bilderbuch „Die große Frage" wurde vom französischen Département Val-de-Marne an alle Neugeborenen des folgenden Jahrgangs verschenkt. *„Das Département leistet sich diesen Luxus seit 14 Jahren... Inhaltlich soll das Buch die Neugeborenen durch ihre Kindheit begleiten, ... was auch die Eltern mit einbezieht: gemeinsames Lesen, den Dialog fördern usw."*

Die Chancen, die ein gelingender Schriftspracherwerb Kindern eröffnet, müsste auch hierzulande Grund genug sein, dem Schreiben und Lesen in vorschulischen Bildungsprozessen mehr Aufmerksamkeit zu schenken.

KAPITEL III

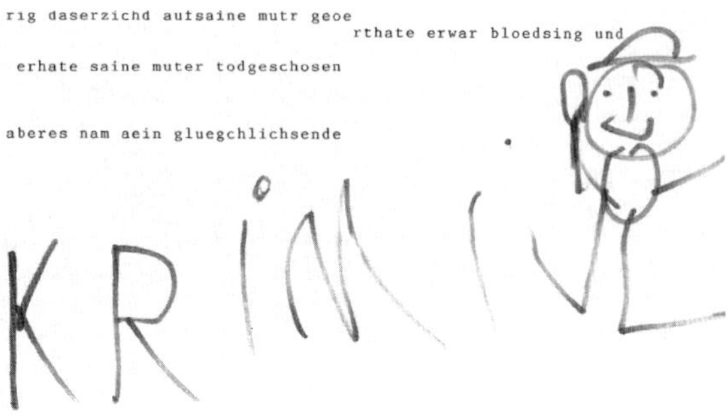

Kinder entwickeln eine große Neugier an Schrift. Sie entdecken, dass Aufgeschriebenes wichtiger ist als Gesprochenes. Sie verfassen eigene Mitteilungen an Kinder und Erwachsene, beginnen also, sprachlich zu handeln. Sie üben sich im Schreiben – oft mit großer Geduld und Energie. Erwachsene können dies unterstützen, indem sie Interesse zeigen und Resonanz geben, dem Kind die Regie über sein Schreibenlernen überlassen und „Fehler" als wichtige Entwicklungsschritte auf dem Weg zum Schreiben-Können ansehen. Vielfältige Gelegenheiten im Alltag machen den Gebrauch von Schrift selbstverständlich und führen zu erstaunlichen „schriftstellerischen" Produkten.

Die frühen Schreibversuche der Kinder würdigen

Wie Erwachsene Kinder im Umgang mit Schrift unterstützen können

Der Umgang mit Schrift gehört im Elementarbereich derzeit noch nicht überall zum Alltag. Vielleicht mit Ausnahme von Kindergärten, die sich an der Montessori- oder Freinet-Pädagogik orientieren, war bisher der Kindergarten ein weitgehend schriftfreier Raum. Doch durch die Bildungsdiskussion und die auf Länderebene verfassten Bildungspläne für die Drei- bis Sechsjährigen findet eine Umorientierung statt – auch für die Entwicklung von Literacy im Kindergarten.

Schriftarme Milieus benachteiligen Kinder

Kindergartenkinder sollen künftig also viel mehr Gelegenheit bekommen, sich vor der Schule eigenaktiv mit Schrift zu beschäftigen. Damit sollen ihnen wichtige Vorerfahrungen ermöglicht werden, die ihnen ansonsten fehlen würden, wenn sie nicht aus einem „literalen Milieu" kommen, also aus Familien, in denen viel gelesen und geschrieben wird. Kinder, deren familiäres Umfeld eher von „Schriftferne" geprägt ist, wären, wie Studien belegen, bei der Einschulung von vornherein benachteiligt: *„Wer im Vorschulalter schon bereichsspezifisches Vorwissen zum Lesen, Schreiben und Rechnen anhäuft, verschafft sich eine günstige Ausgangsposition, um sich in der Schule weiteres Wissen anzueignen, d. h. beim Lesen, Schreiben und Rechnen erfolgreich zu sein. Kinder, die ohne solches Vorwissen zur Schule kommen, bleiben – im statistischen Durchschnitt gesehen – während ihrer gesamten Grundschulzeit die Schlusslichter und wahrscheinlich noch weit über diese Zeit hinaus."* (Kretschmann 2004, S. 222).

Untersuchungen, die sich mit dem Entwicklungsstand von Schulanfängern beschäftigen, stellen fest, dass die Unterschiede beim Schuleintritt hinsichtlich der Kenntnisse und Erfahrungen der Kinder in Bezug auf die Schriftsprache, vor allem aber das Denken über sie, ca. drei Jahre ausmachen. Eindrücklich dokumentiert Hans Brügelmann (1994, S. 83) dies am Spektrum der „Schreibweisen" von Schulanfängern, die aufgefordert worden waren, aufzuschreiben, was sie sich bei einem Kim-Spiel gemerkt hatten:

Die Bandbreite der schriftsprachlichen Entwicklung bei Schulanfängern ist enorm

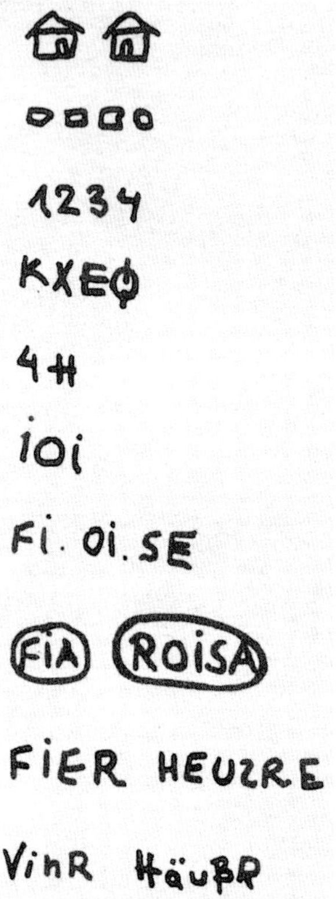

Von der gegenständlich-analogen Abbildung bzw. stilisierten Darstellung (die ersten zwei Zeilen) über die Verwendung bereits bekannter Ziffern und Buchstaben (dritte und vierte Zeile), der „Skelettschreibung" (fünfte und sechste Zeile), deren „Verfeinerung" (Zeile sieben und acht) bis zu ersten erkennbaren Rechtschreibmustern in den beiden letzten Zeilen sind hier alle wesentlichen Entwicklungsphasen beim Schriftspracherwerb vertreten.

Ähnliches gilt für das Lesen, das mit dem Schreibenlernen eng verbunden, aber nicht identisch damit ist, nicht unbedingt „synchron" verläuft und bei den meisten Kindern erst nach einer Zeit der eigenaktiven Beschäftigung mit dem Schreiben einsetzt (vgl. dazu ausführlich Reichen 2001).

Die ersten Anfänge des Lesens *(präliterarisch-symbolische Phase)* bestehen im „Bilder-Lesen": Kinder können die Bedeutung von Zeichen, wie zum Beispiel Automarken, entschlüsseln, haben aber noch keine Vorstellung davon, was Schrift ist. Sie unterscheiden aber schon Schriftzeichen von anderen Zeichen.

In der *ganzheitlichen oder logografischen Phase* merken sich Kinder die Schreibweise beispielsweise ihres eigenen Namens *als Ganzes.* Die einzelnen Buchstaben sind in dieser Phase noch nicht wichtig. Die Kinder können zwar einzelne Buchstaben voneinander unterscheiden, haben aber noch keine Vorstellung von ihrer Bedeutung. Das „Lesen" ist in der Regel davon abhängig, dass der besondere Schriftzug, zum Beispiel von Coca-Cola, oder der *„sozial-gegenständliche Kontext erhalten bleiben: die Flasche, auf der das Etikett klebt, oder die Ladenfront für das Schild"* (Brügelmann 1989, S. 46).

Später *(Entdeckung der Buchstaben-Laut-Entsprechung)* unterscheiden die Kinder Buchstaben, die sie zumeist von ihrem eigenen Namen (-Schreiben?) kennen oder von anderen bedeutsamen Wörtern, auf Werbeplakaten, Autokennzeichen oder Straßenschildern. Sie erkennen, dass Buchstaben geschriebene Laute sind, die durch Vorlesen hörbar werden. Vom ersten Bilder-Lesen über das logografische Lesen und die Entdeckung der Buchstaben-Laut-Entsprechung entwickelt sich der Leselernprozess *zum sinnerfassenden Lesen ganzer Wörter, Sätze und Texte.*

Der schriftsprachliche Entwicklungsstand der Kinder bei der Einschulung ist unterschiedlich

Solche und ähnliche Erfahrungen mit dem unterschiedlichen Entwicklungsstand der Kinder bei der Einschulung machen auch Lehrerinnen, die schon vor Schulbeginn Kontakt zu ihren künftigen Erstklässlern aufnehmen. Sie schreiben den Kindern einen Brief und fordern sie auf, ihnen zu antworten, so wie sie es eben schon können (z. B. Mauthe-Schonig 1991, S. 71). Die Lehrerinnen bekommen darüber einen Einblick in den Kenntnisstand der Kinder und können sich besser auf die individuell notwendige Förderung jedes einzelnen Kindes vorbereiten. Manche Lehrerinnen besuchen „ihre" Kinder auch im Kindergarten, um sie schon vor der Einschulung kennen zu lernen und sich optimal auf ihre Bedürfnisse einstellen zu können (Heinrich 1992, 10 ff.). Auch hier sind immer wieder die sehr unterschiedlichen Vorerfahrungen der Kinder mit dem Schreiben und Lesen ein wichtiges Thema.

Wann „schreiben" Kinder?

Weil Erwachsene oft zu wenig darüber wissen, wie Kinder lesen und schreiben lernen, übersehen sie die ersten Schriftexperimente oder interpretieren sie falsch. Sie trauen Vorschulkindern nicht zu, dass sie sich schon für die Schrift interessieren.

Dass Kinder eine *natürliche* Neugier auf Schrift entwickeln, ist für viele Erzieherinnen nur schwer vorstellbar. Deshalb kommen sie erst gar nicht darauf, dass Kinder mit Schrift experimentieren, wenn sie „Krickel-Krackel" erzeugen oder mit einem Stock Zeichen in den Schnee „malen". Was wir wahrnehmen, ist in der Regel von unseren Vorannahmen beeinflusst. Deshalb muss es zunächst darum gehen, uns kritisch mit unserer Wahrnehmung zu befassen und überhaupt erst einmal zu sehen, dass Kinder sich mit Schrift beschäftigen. Woran erkennt man aber, *dass* Kinder erste Vorformen von Schrift ausprobieren, sich also in Preliteracy üben und nicht malen?

Die Bilder der Kinder sind Geschichten, aus denen sich eines Tages Buchstaben herauslösen

Hilfreich ist es, sich solche Situationen anzuschauen, die tendenziell „schrifterzeugend" sind. So etwa, wenn Kinder am Tisch sitzen und Papier und Stifte vor sich haben. Sie malen. Doch die Wahrscheinlichkeit ist groß, dass sich in ihre Zeichnungen bald einzelne abstrakte Zeichen „einschleichen" bzw. sich aus den Bildern herauslösen, so wie es Freinet (2000, S. 359 ff.) von seiner Tochter Balouette berichtet hat, und wie immer wieder beobachtet werden kann. Wie passiert das?

Die Bilder der Kinder sind nichts anderes als Geschichten. Sie produzieren keine Kunst im eigentlichen Sinn, sondern drücken Gefühle, Gedanken, Erlebnisse aus, indem sie sie hinmalen und zeichnen (vgl. Le Bohec 1993). Bilder sind für sie demnach zunächst einmal ein *Ausdrucksmittel*, mit dem sie etwas über sich selbst mitteilen, Geschichten eben. Da ist es kein Wunder, dass sie irgendwann beginnen, ihre Geschichte auch zu „verschriftlichen". Manche Kinder bitten Erwachsene darum, ihre Geschichte noch einmal in Form der Schriftsprache nachzuerzählen.

Es kann auch sein, dass Kinder Ähnlichkeiten zwischen Formen und Schriftsymbolen entdecken und sie ganz einfach in ihr Bild und ihre Geschichte integrieren. In jedem Fall ist es immer wieder zu beobachten, dass eines Tages – und selten ursächlich erklärbar – ganz plötzlich Buchstaben auf den gemalten Bildern der Kinder auftauchen. Wie bei dem dreijährigen Jordan, der zusammen mit seiner älteren Schwester an der Schreibwerkstatt in der Stadtbibliothek teilgenommen hat. Er hat zu seinen Autos schon sehr klar erkennbare Buchstaben

Das Vorbild älterer, schon schriftkundiger Kinder regt jüngere – wie Jordan – sozusagen nebenbei zum „Schreiben" an. Sie wollen wie die Großen Briefe oder Merkzettel schreiben und liefern so erste, naturgemäß rudimentäre, Schreibergebnisse.

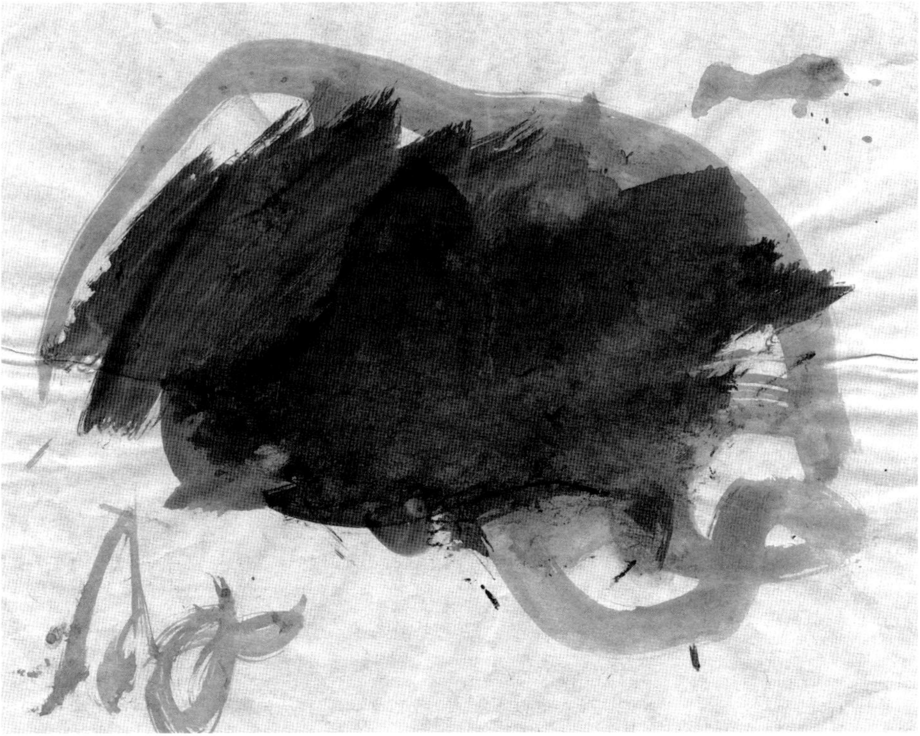

gemalt. Wir wissen nicht, was es für ihn bedeutet, Buchstaben zu schreiben, aber wir können feststellen, dass sie auf allen seinen Bildern auftauchen. Die Buchstaben hat ihm seine ältere Schwester, die schon sehr geübt im Schreiben ist, gezeigt. Er hat mit seinen drei Jahren sicher noch keine Vorstellung von Wörtern und er hat auch noch nicht den Wunsch geäußert, seinen Namen zu schreiben. Er ist einstweilen zufrieden damit, Buchstaben in seine Bilder einzufügen, manchmal wie auf der Abbildung quer zu den gemalten Autos.

Kinder erkennen Buchstaben als „festgehaltene Sprache" und unterscheiden sie von Bildern

Kinder kommen von sich aus darauf, dass sie etwas Bestimmtes geschrieben haben. Max z. B. ist knapp drei Jahre alt, als er beobachtet, dass die Großen in der Gruppe Zettel und Briefe schreiben und fängt dann auch an zu „schreiben". Die Großen zeigen ihm, „wie sein Name geht". Nach einiger Zeit kommt er strahlend angelaufen, ein ziemlich nasses Papier schwenkend und ruft: „Da unten, in der Ecke, da hab ich mich hingepinselt!". Auf den ersten Blick ist kaum zu erkennen, dass da „Max" stehen soll, denn er hat mit dunkellila Wasserfarbe und einem Pinsel versucht, seinen Namen zu schreiben. Doch bei genauerem Hinschauen kann man unten in der Ecke ein „M"-ähnliches Zeichen entdecken.
Für Max selbst ist der Unterschied zu etwas „Gemaltem" ganz deutlich. Er ist sich sicher, dass er *sich*, also MAX geschrieben hat. Er hat schon eine Vorstellung davon entwickelt, dass Schrift „festgehaltene Sprache" ist, „die eigene Stimme, die aufs Papier wandert" (Andresen in: Elschenbroich 2001). Durch Vorlesen kann sie wieder „hörbar" gemacht werden. Zu Beginn wissen die meisten Kinder noch nicht, dass sich Geschriebenes in einzelne Buchstaben aufgliedert. Welcher Buchstabe genau für welchen Laut steht, interessiert die meisten von ihnen noch nicht. Sie ahmen Geschriebenes einfach nach, zeichnen es sozusagen ab wie ein Bild, erfinden dabei aber auch schon so etwas wie eine eigene Schrift. Sie freuen sich darüber, dass ihr Produkt (manchmal) vorgelesen werden kann und erfahren darüber Schritt für Schritt den Zusammenhang von Schrift und Sprache, von Schreiben und Lesen.

Es stellt sich allerdings die Frage, ob irgendwelche abstrakten Zeichen in von Kindern gemalten Bildern schon Schrift sind, und was wir eigentlich unter „Schrift" verstehen. Sind „Kritzelbriefe" Schrift? Oder einzelne Krakel wie in Yannicks „Unterschrift"? Dazu Donata Elschenbroich: *„Kinder erkunden zunächst die Außenhaut der Schrift. Wenn sie die Buchstaben abmalen, schreiben sie noch nicht. Sie umkreisen die Welt der Zeichen. Wie letztlich die Kluft vom abstrakten Zeichen zur Bedeutung übersprungen wird, ist noch immer ein Geheimnis."* (Elschenbroich 2004).

Wir haben es also mit wichtigen Vorstufen zu tun und, wenn man so will, „eigenen Schriftformen" auf dem Weg zu einer allgemein verständlichen Schrift. Es sind erste Annäherungen an sie und als solche müssen sie entsprechend gewürdigt werden.

Schreiben lernen Kinder durch schreiben – und das kann niemals auf Anhieb „richtig" sein

An dieser Stelle sei noch einmal wiederholt: Kinder, die das Schreiben erst lernen, können keinesfalls sofort „richtig" schreiben. Sie lernen schreiben, indem sie schreiben – und das dauert seine Zeit. Die sollte allerdings gut genutzt werden dürfen – bei aufmerksamer Begleitung.

Schon sehr junge Kinder benutzen die Schrift als „Bedeutungsträger"

Als Sophie knapp vier Jahre alt war, schrieb sie eines Tages ganz unbemerkt von Erwachsenen einen Zettel. Mit dem Zettel in der Hand ging sie zu ihrer Erzieherin und erklärte ihr, was sie geschrieben hatte. Auf ihrem Zettel war zu „lesen": „Morgen gehen wir zum Kiosk."

Vorausgegangen waren viele Gespräche in der Schlümpfe-Gruppe, wer wann mit wem mit oder ohne Erzieherin zum nahe gelegenen Kiosk gehen darf, um sich „Schnuggelkram" (Süßigkeiten) zu kaufen, für alle Kinder in der Gruppe ein sehr wichtiges Thema. Nun hatte sie ihr Anliegen schriftlich zu Papier gebracht.

Damit wird ein sehnlicher, lange gehegter Wunsch ausgedrückt, der aus den unterschiedlichsten Gründen nicht sofort erfüllt werden konnte. Zum Kiosk zu gehen, bedeutet nämlich für Sophie in etwa: *Meine Erzieherin geht morgen nur mit mir*

Sophie, vier Jahre alt, schreibt: „Morgen gehen wir zum Kiosk."

und Mara und Yannick zum Kiosk. Ich mag es nämlich nicht, wenn die ganze Gruppe irgendwohin geht. Da müssen die Erzieherinnen immer auf die ganz Kleinen aufpassen, und wir kommen nur ganz langsam vorwärts. Ich renne aber gerne schon einmal vor. Und weil der Kiosk in unserer Straße ist, kann ich alleine fast bis dahin rennen und muss nur warten, bis wir alle zusammen über die Straße gehen. Wir dürfen Geld aus der Gruppenkasse nehmen und uns aus den großen Gläsern Süßigkeiten aussuchen. Wir dürfen uns dabei alle Zeit der Welt lassen und in Ruhe auswählen. Wenn uns etwas nicht gefällt, können wir es zurückgeben und dafür etwas Neues nehmen. Das ist gut, denn ich kann mich nicht so schnell entscheiden. Am besten gefällt mir, dass ich selbst etwas aussuchen darf, sonst macht das immer meine Mama für mich. Ich finde auch schön, dass wir für alle anderen Kinder der Gruppe etwas kaufen sollen. Ich teile nämlich gern Sachen an andere aus. Und im Kiosk riecht es immer so gut und es ist so bunt.

Natürlich konnte Sophie mit ihren knapp vier Jahren all diese Gedanken noch nicht so in Worte fassen, aber ihre Erzieherin kannte ihre Wünsche und Vorlieben.

Sofort fällt ins Auge, dass Sophie *viele* „Wörter" auf ihren Zettel schreibt. Ich setze das Wort *schreibt* an dieser Stelle mit Absicht nicht in Anführungszeichen. Bei strenger Betrachtung sind keine Buchstaben zu erkennen und demzufolge auch keine Wörter, also auch keine Schrift. Aber was macht Sophie, die zu diesem Zeitpunkt noch keine Vorstellung davon hat, dass sich Schrift aus Buchstaben zusammensetzt, anderes als eine schriftliche Ausdrucksform zu suchen? Sie benutzt dafür die Formen, die ihr in den Sinn kommen, sie *erfindet* Schrift, und sie benutzt ihre Formen bereits regelgerecht als abstrahierende Symbole für sehr konkrete Angelegenheiten. Sie hat erkannt, was Schreiben ist, und wendet dies an. Sie benutzt ihre Schriftzeichen als Mittel, um andere über etwas für sie Bedeutsames zu informieren. Das ist etwas anderes, als Schrift bloß „abzumalen", wie es Donata Elschenbroich ausdrückt. Für sie ist Schrift schon Bedeutungsträger.

Warum nun aber die *vielen* uns Erwachsenen als Kritzelei erscheinenden Wörter auf ihrem Zettel? Weil sie vielleicht mit ihrem Anliegen *„Morgen gehen wir zum Kiosk"* gleich eine ganze Palette von Wünschen und Bedürfnissen verbindet? Weil sie noch nicht weiß, dass ihr Satz eigentlich bloß aus fünf Worten besteht? Oder weil sie, einmal damit begonnen, entdeckt, wie sehr ihr das Schreiben Spaß macht? Wir wissen es nicht.

Kinder entdecken, dass Aufgeschriebenes wichtiger ist als Gesprochenes

Was wir aber wissen, ist, wie wichtig ihr der Wunsch ist, *„ohne die Kleinen"* und ohne die ganze Gruppe zum Kiosk gehen zu dürfen. Mit Fug und Recht dürfen wir annehmen, dass Sophie *eben deshalb aufschreibt* was sie möchte, eben *weil* ihr Wunsch eine so große Bedeutung für sie hat. Vielleicht weiß sie noch nicht mehr über Schrift, als dass Erwachsene Geschriebenes offensichtlich wichtiger nehmen als Gesprochenes. Auf dieses Wissen greift sie nun zurück und beginnt, ohne jede Aufforderung oder Anleitung durch Erwachsene, zu schreiben! Nicht nur Sophie zeigt uns, wie bedeutsam das Recht auf *schriftlichen* Ausdruck auch für Kinder im Vorschulalter sein kann.

Ein anderes Beispiel: Luise, vier Jahre alt, ist an einem Tag besonders traurig, wütend und sauer, und zwar alles auf einmal. Sie ist der Meinung, dass sich ihre Mama nicht richtig von ihr verabschiedet hat. Um ihrem Ärger wirklich Ausdruck zu verleihen, so wirklich, dass ihn niemand mehr übersehen kann, bittet sie ihre Erzieherin das aufzuschreiben, was sie fühlt. Die Erzieherin fragt vorsichtig nach: „Was möchtest du deiner Mama sagen?“ Luise möchte, dass Folgendes aufgeschrieben wird: *„Dass die Mama einfach gegangen ist, sollst du aufschreiben ..., dass die das weiß!“* Es wird aufgeschrieben und vorgelesen, damit Luise entscheiden kann, ob sie es auch so gemeint hat, wie es da steht. Luise unterschreibt den Brief und will ihn abends ihrer Mama geben. Danach kann sie sich wieder auf das Spiel mit ihrer Freundin einlassen. Sie ist ihre *„dunklen“* Gefühle mit dem Aufschreiben losgeworden und weiß gleichzeitig, dass einmal Aufgeschriebenes nicht mehr verloren gehen kann. Niemand sagt verharmlosend zu ihr, dass es doch nicht so schlimm sei, die Mama hätte es sicher gar nicht so gemeint usw. Ihr Leid wird ernst genommen, so ernst, dass es sogar *schriftlich* festgehalten wird.

Wie entlastend es für Kinder sein kann, ihre Gefühle *schriftlich* mitzuteilen und welche originellen Wege sie dabei gehen, zeigt ein weiteres Beispiel:

Max, knapp vier Jahre alt, hat sich, ohne dass ich es im alltäglichen Hin und Her gemerkt hätte, sehr über mich geärgert. Ich hatte ihm verboten, in die Küche zu laufen und sich 15 Minuten vor dem Mittagessen *„noch schnell etwas zu essen“* zu

Max schreibt einen „Strafzettel“, weil er sich über seine Erzieherin sehr geärgert hat

„Helke hat nie wieder Geburtstag", heißt die schriftlich verhängte Strafe

holen. Da bringt er mir einen Zettel, den er mir „vorliest": „Helke hat nie wieder Geburtstag" steht darauf. Erklärend fügt er hinzu: „Das ist, weil du so blöd zu mir warst." Da weiß ich, dass er wirklich sehr wütend auf mich ist. Ich habe mich dann bei ihm dafür entschuldigt, dass ich sein Ansinnen gleich verboten hatte, ohne erst einmal nachzufragen, *was* er denn essen wollte, nämlich eine Banane, und wir haben uns wieder vertragen.

Max benutzte Geschriebenes, um mir seinen Ärger mitzuteilen und eine Versöhnung in die Wege zu leiten. Geschriebenes, so vielleicht seine Vermutung, wird sie bestimmt nicht ignorieren! Und darüber hinaus hat er sich auch gleich eine Strafe ausgedacht, die natürlich viel mehr Gewicht bekommt, wenn sie schwarz auf weiß vorliegt und nicht nur ausgesprochen wird. Erst die Schwere der Strafe, mit der mich Max belegen wollte, *nie wieder Geburtstag zu haben,* hat mir vor Augen geführt, wie sehr ich ihn wohl mit meinem Verbot getroffen habe. Da für ihn sein Geburtstag ein ganz wichtiges Ereignis ist, von dem er schon lange vorher immer wieder spricht, hat er wahrscheinlich angenommen, dass auch für mich Nie-wieder-Geburtstag-Haben eine schlimme Strafe ist. Wie der vierjährige Max auf die besondere Art seiner Botschaft kam, habe ich nicht herausgefunden. Es ist aber zu vermuten, dass er Schulkinder dabei beobachtet hat, wie sie den Erwachsenen „Strafzettel" ausstellten.

Ein sehr eindrückliches Beispiel, wie Kinder Schrift benutzen, um ihren Gefühlen Ausdruck zu verleihen und sich Sicherheit zu verschaffen, dass sie auch wirklich wahrgenommen werden, kenne ich von Erika Kazemi-Veisari (1998, S. 22 f.). Eine Erzieherin erzählte ihr die folgende Geschichte: *„Jason (6 Jahre) erzählt: ‚Noch zehnmal schlafen, dann fahre ich in Urlaub.' Ich sage: ‚Du freust dich wohl sehr?', und wundere mich, denn seine Freude ist gar nicht so groß. Er erzählt, dass er schon einmal an dem Urlaubsort war und dass es dort sehr schön ist. Plötzlich fragt er: ‚Ist der Kindergarten noch da, wenn ich wiederkomme?' Aber auch nach der Bestätigung ist seine Stimmung eher nachdenklich. Einige Tage später – wir malen mit Straßenkreide – kommt er und fragt, ob er seinen Namen überall hin schreiben darf, damit wir ihn nicht vergessen. Er hat die Lösung seines Problems allein gefunden, und sein Name steht jetzt an der Hauswand, an der Schaukel, auf dem Plattenweg und auf dem Gartentisch. Jetzt ist er sicher, dass ihn niemand vergisst."*

Verhaltensregeln für Erwachsene

Interesse zeigen und Resonanz geben ist die wichtigste Verhaltensregel der Erwachsenen

Beobachtet man, in welchen Situationen jüngere Kinder von sich aus zum Mittel der Schrift greifen, fällt – wie wir gesehen haben – auf, dass es sich fast immer um etwas handelt, das für sie subjektiv bedeutsam ist. Wenn Kinder also etwas Geschriebenes zeigen, bedeutet dies für die Erzieherin mindestens: *„Hier musst du genau hinhören. Hier will dir das Kind etwas Wichtiges mitteilen."* Durch vorsichtiges Nachfragen versucht die Erzieherin dann herauszufinden, was die Kinder sagen wollen. Aber selbst wenn sie darüber nichts in Erfahrung bringen kann, vor allem zählt, dass sie der Mitteilung, die sich in der Schrift verbirgt, Aufmerksamkeit geschenkt hat.

Die wichtigste Verhaltensregel im Umgang mit frühen Schreibversuchen von Kindern lautet:

Aufmerksamkeit schenken, Interesse zeigen und Resonanz geben.

Betrachten wir noch einmal den Schreibversuch des damals dreijährigen Max, von dem schon einmal die Rede war: sein „Gepinsel". Erwachsene, die noch nicht viel über den Schriftspracherwerb wissen, werden Max' Behauptung vielleicht abwehren: „Du kannst doch noch gar nicht schreiben." Oder „Das sind doch keine richtigen Buchstaben!" „Du bist noch viel zu klein zum Schreiben!" „Schreiben lernt man in der Schule." „‚Max' schreibt man aber anders."

Solche Erwachsene sind sich sicher nicht im Klaren darüber, dass sie den Beginn eines wichtigen Lernprozesses vielleicht im Keim ersticken: Max, der sichtlich stolz darauf ist, dass er sich da „hingepinselt" hat, erfährt, dass er gar keinen Grund hat, stolz zu sein. Im Gegenteil, er hat sogar etwas falsch gemacht. Er hat geschrieben, obwohl er das ja noch gar nicht kann.

Geringschätzende Bemerkungen der Erwachsenen können das Kind als Person abwerten

Wie wird Max wahrscheinlich reagieren? Er wird sich im ungünstigsten Fall dem Urteil der „schriftkundigen" Erzieherin beugen, und erst einmal seine „übereifrigen" Schreibversuche einstellen oder er wird sie ihr einfach nicht mehr zeigen. Es ist nicht sicher, ob er – nun ohne unterstützende Resonanz – überhaupt am Schreiben dranbleibt. Was bei Max besonders ins Gewicht fällt: Die Erzieherin hat mit der Abwertung von Max' Geschriebenen auch den ganzen Max als Person abgewertet. Max hat ja nicht *irgendetwas* geschrieben, er hat sich mit seinem Namen schließlich *selbst* „da hingepinselt".

Wenn eine Erzieherin weiß, dass Kinder sich Schriftsprache in ähnlich experimenteller Art und Weise benutzend und Fehler machend aneignen wie ihre Fähigkeit zu sprechen, kann sie sehr viel angemessener mit Max' „Gepinsel" umgehen. Sie wird seine Bemühungen dann eher als erstes Abenteuer mit der Schrift verstehen, als ein erstes, tastendes Versuchen. Ja, mehr noch! Sie entdeckt, dass in dem, was Max in dem „Gepinsel" mit Wasserfarben erkannt haben will, nämlich seinen Namen, schon eine Einsicht in das Wesen und die Funktion von Schrift steckt. Max weiß, dass er ein Zeichen auf Papier gebannt hat und wofür es steht, nämlich für eine *Schriftform* seines Namens.

Was hindert also die Erzieherin daran, zu bestätigen, dass Max tatsächlich seinen Namen geschrieben hat, auf seine Weise, in einer „anderen Schrift", aber eben in geschriebener Form. Auch wird sie nicht kommentieren: „Das ist falsch, das schreibt man aber so." Vielleicht wird sie ihm anbieten, ihm seinen Namen vorzuschreiben, „so wie Erwachsene" ihn schreiben. Sie wird ihn auf jeden Fall nicht auf die spätere Schule vertrösten, sondern sich vielmehr mit ihm über seine Leistung freuen. Vielleicht wird sie ihn fragen: „Wie hast du denn herausgefunden, wie dein Name geschrieben wird?" Vielleicht hat Max eine Antwort darauf, vielleicht auch nicht.

Wichtig ist, dass sich jemand für seine Schrift interessiert. *„Der Wunsch nach Resonanz ist ein menschliches Urbedürfnis, das von der herrschsüchtigen (und sich vor allem auf die Fehler konzentrierenden, HK) Misstrauenspädagogik zum Verstummen gebracht wird. Nur Resonanz beflügelt. Sie ist die stärkste Quelle der Produktivität."*, kommentiert Reinhard Kahl (1995, S. 38) in seiner bemerkenswerten Filmreihe „Lob des Fehlers". Was keine Resonanz erhält, wird nicht so ohne weiteres weiterverfolgt.

Max wird sich also weiter mit dem Schreiben beschäftigen, neue Hypothesen entwickeln, sie überprüfen und in der Weiterentwicklung seiner Schriftkompetenz auch widerrufen, weil er die notwendige Resonanz gefunden hat. Seine Erzieherin wird ihn wahrscheinlich ermutigen, weitere Schrift-Experimente zu machen, zum Beispiel indem sie ihn fragt: „Möchtest du schreiben wie die Großen?", nämlich mit einem richtigen „Schreibstift". Sie kann ihm anbieten, außer dem „M" auch noch die anderen Buchstaben seines Namens aufzuschreiben, vielleicht mit Hilfe einer Anlauttabelle. Sie wird ihm ermöglichen, andere Funktionen der Schrift kennen zu lernen, zum Beispiel Merk- und Ausleihzettel oder Briefe und Einladungen schreiben, anderen etwas über sich und seine Gefühle mitteilen usw. Die Erzieherin wird seine Fortschritte wahrnehmen und es ihm rückmelden. Und sie wird ihm immer neue Anlässe für das Schreiben geben. So kann Max in aller Ruhe in seinem eigenen Rhythmus den Weg zur Schrift finden.

Max übt die Buchstaben seines Namens.

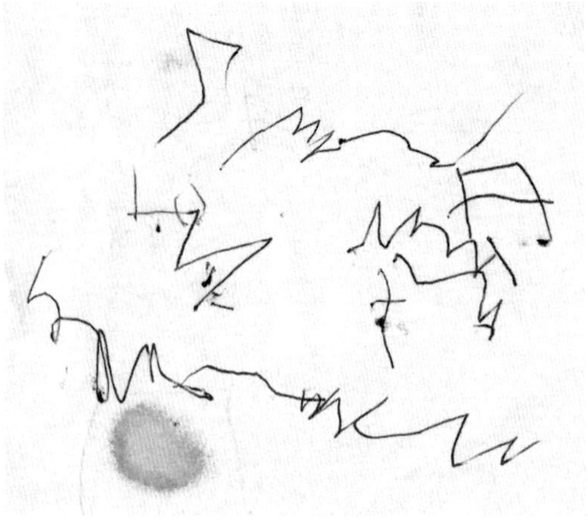

Die zweite Verhaltensregel lautet:

Dem Kind die Regie über sein Handeln lassen.

Wenn Kinder durch eine Schriftumgebung (vgl. Kap. 3 und 8) zum Benutzen von Schrift ermutigt werden, beginnen sie von allein, Erwachsene für das heranzuziehen, was sie noch nicht können. Erwachsene werden dabei manchmal zu wundervollen „Schreibmaschinen", die allerlei für Kinder aufschreiben. Gedanklich vorauseilend ist jedoch die Gefahr groß, dass am Ende nicht das auf dem Papier steht, was die Kinder vielleicht holprig, umständlich und zuweilen auch unverständlich sagen wollen, sondern das, was Erwachsene interpretieren. Hier gilt es unbedingt, vorschnelle Interpretationen zu vermeiden, indem Kindern Worte in den Mund gelegt und zu Papier gebracht werden, die nicht das treffen, was die Kinder mitteilen möchten. Im Folgenden einige Beispiele authentischer Kinderkommentare:

Manuel, fünf, hat Folgendes zu seinem Bild erzählt, und ich musste es genau so aufschreiben und ihm anschließend vorlesen: „Das ist die Maria-Hilf-Kirche. Der eine Mann lacht. Der andere beugt sich runter und sagt: ‚Der dumme Hund', weil der Hund so laut die Katze anbellt. Das Christkind schläft und der Josef streckt die Arme hoch. Durch das Fenster guckt der Besitzer der Kirche, ob alle leise sind. Und das Pferd guckt durch das Dach."

Wichtig ist es, erstens genau das aufzuschreiben, was Kinder sagen und sich zweitens immer wieder – z. B. das bisher Geschriebene vorlesend – genau zu vergewissern, ob man richtig verstanden hat, etwa: „Soll ich es so aufschreiben oder so?" „Willst du das sagen oder das oder vielleicht etwas ganz Anderes?" Denn wenn erst einmal etwas auf dem Papier steht, ist es „in der Welt" und da ist es wichtig, dass es auch *genau* das zum Ausdruck bringt, was das Kind sagen wollte.

Beim Geschichten-Erzählen und Aufschreiben experimentieren Kinder mit Humor und regelrecht lustvoll auch mit der Sprache an sich. Ungewohnte Wörter „schleichen" sich ein, die Kinder ringen um Genauigkeit des Ausdrucks, verwerfen Begriffe und finden bessere. Manchmal benutzen sie auch literarische Formeln wie etwa „Es war einmal" oder „... wenn sie nicht gestorben sind." Jedenfalls scheint es, dass sie eine Vorstellung davon entwickelt haben, wie eine Geschichte „geht". Klar, dass auch hier Übung den Meister macht. Haben die Kinder oft die Möglichkeit, ihre Geschichten einer Erwachsenen zu diktieren, wird ihr Erzählstil mit der Zeit komplexer, fantasievoller und flüssiger. Das alles kann „verfolgt" werden, denn die Geschichten wurden ja aufgeschrieben. Vielleicht kann irgendwann ein Buch daraus werden oder ein Kalender – als Geschenk für die Eltern oder Großeltern?

Leonie, fünf, hat das Bild gemalt und wollte, dass ich „unten aufs Bild" folgenden Text schreibe: „Die Katze ist gerade auf Mäusejagd. Die Mäuse laufen da oben auf dem Berg weg, und die Katze sieht sie nicht. Und die Schildkröte kommt an und ruft ihre Mutter, weil die Katze unterwegs ist und die Mäuse fressen will, und die sind ihre Freunde."

Lisa, vier, hat zu ihrem Bild folgende Geschichte erzählt:

„Es war einmal eine arme Königin mit einem armen König. Sie waren hungrig, weil sie nichts zu essen hatten. Sie wollten ins Bett schlafen gehen, aber sie waren immer noch hungrig. Da kam auf einmal ein Zauberer, und der Zauberer sagte: „Was wollt ihr?" Da sagten sie: „Wir wollen was zu essen haben." Und der Zauberer sagte: „Ich zaubere euch etwas zu essen." Und er zauberte ihnen einen großen Schrank voll großer Schüsseln. Und da waren Teller und viele Töpfe drin voll Essen und natürlich auch Löffel. Und er sagte: „Das reicht für ein ganzes Leben." Und er sagte auch noch: „Ich habe auch so einen großen Schrank." Und ging weiter. Nun sagten sie ganz laut: „Wenn das nicht fürs ganze Leben reicht, dann gib uns noch einen Schrank voll." Der Zauberer sagte: „Mach ich, Königin und König." Auf dem Bild sieht man die arme Königin. Nun ist sie aber nicht mehr arm, weil der Zauberer ihr etwas gibt. Sie und der König sind jetzt ganz froh. Und sie mussten auch nicht mehr hungrig einschlafen und konnten zusammen noch lange leben."

Die dritte Verhaltensregel lautet:
„Fehler" als Entwicklungsschritte sehen.

Im Vorschulalter gibt es kein „Richtig" oder „Falsch" im Umgang mit Schrift! Hände weg von Bewertungen! Ganz entscheidend beim Umgang mit frühen Schreibversuchen ist es, den Fokus der Wahrnehmung und der Rückmeldung nicht auf die „Fehler" zu richten, sondern auf die Leistung, die ein Kind damit erbringt, wenn es Schrift erfindet! Ein Kind *muss* Fehler machen dürfen, wenn es lernt. „Fehler" sind Schritte auf dem Weg zu Lösungen. Sie teilen uns etwas über die Vorstellungen eines Kindes mit, die es von seinem Lerngegenstand *in diesem Moment* hat.

In einer defizitorientierten (Schul-)Pädagogik ist es üblich, Fehler mit roter Tinte anzustreichen. Und Erwachsene haben in ihrer überwiegenden Mehrheit dieses fehlerfeindliche Lernsystem durchschritten: Bloß keinen Fehler machen! Bloß keinen Fehler zulassen! Ist ein Fehler erst einmal übersehen worden, setzt er sich fest und kann kaum noch beseitigt werden. Nicht, was man im Vergleich mit vorherigen Entwicklungsphasen *schon* geschafft hat, zählt und wird bewertet, sondern das, was man im Vergleich mit zukünftigen noch *nicht* erreicht hat. Und weil Perfektion und Fehlerlosigkeit *immer* unerreichbar sind, bleibt das Erlebnis des Defizits, das Gefühl zu versagen.

Kehren wir zu unserem Beispiel Max zurück: Einer fehlerfeindlichen Erzieherin gerät leicht aus dem Blick, dass Max, ein Dreijähriger, immerhin *schon* weiß, dass sein Name mit „M" beginnt und dass „M" ein Zeichen für einen Laut ist, ein erster

Max konnte binnen kurzem alle Buchstaben seines Namens schreiben

Schritt auf dem Weg, weitere Buchstaben kennen lernen zu wollen und sie schließlich zu üben. Max jedenfalls, ermutigt durch die Resonanz der Erzieherin, wandte sich schon binnen kurzem weiteren Buchstaben zu. Bald konnte er seinen ganzen Namen schreiben, auch wenn er die Buchstaben noch kreuz und quer übers Papier verteilte.

Keine Angst: Kinder behalten orthografisch noch unkorrekte Schreibweisen nicht ewig bei, so wie sie später auch nicht mehr senkrecht von oben nach unten schreiben oder die „Skelett-Schreibung" benutzen – obwohl sie auch das eine Zeit lang tun, eben solange es ihrem persönlichen Entwicklungsweg entspricht. Kinder müssen vielmehr viele Möglichkeiten erhalten, ihre Vorstellungen in Bezug auf die Schrift zu überprüfen, indem sie mit ihr experimentieren. Experimente aber sind dem Fehler immer nah, sonst wären sie eben keine!

Kinder behalten Fehler nicht bei; sie verschwinden allmählich, wenn Kinder immer wieder üben und experimentieren.

Stellen wir uns nur einmal vor, Anninas Mutter hätte statt mit Interesse die folgende, mühsam mit der Schreibmaschine geschriebene Geschichte vor allem durch die „Fehler-Brille" betrachtet. Sie hätte wohl kaum die Leistung würdigen können, die ihre Tochter hier vollbracht hat. Annina war fünf, als ihre Mutter Schreibmaschine-Schreiben lernte, und sie hat ihr oft beim Üben zugesehen. Klar, dass sie auch selbst das Schreiben auf der Maschine ausprobieren wollte. Dabei entstand ein hochdramatischer „Beziehungs-Krimi" (siehe Seite 68).

Ist es nicht erstaunlich, welche überraschenden Fähigkeiten im Umgang mit Sprache und Schrift Annina hier zeigt? Sie benutzt feststehende Formeln für Anfang und Ende der Geschichte, die sie von Märchen kennt. Sie benutzt Redewendungen, die Kinder ihres Alters im Alltag eher nicht benutzen. Dass Annina erst fünf Jahre alt ist, merkt man daran, dass mitten in der dramatischen Handlung der Osterhase mit wundervollen Geschenken auftaucht, auch dass das Ende logisch betrachtet nicht so ganz zum sonst eher unglücklichen Verlauf der Geschichte passt. Um im Erwachsenensinn sprachliche Brillanz kann es Annina mit ihren fünf Jahren jedoch nicht gehen. Immerhin hat sie eine Geschichte mit einem richtigen „Spannungsbogen" geschrieben, die Handlung entwickelt sich allmählich bis zum Höhepunkt. Die Geschichte hat einen „literarischen" Anfang und ein ebensolches Ende.

Die fünfjährige Annina endeckt den Spannungsbogen und schriftsprachliche Muster, z. B. die Leerstellen zwischen den Wörtern

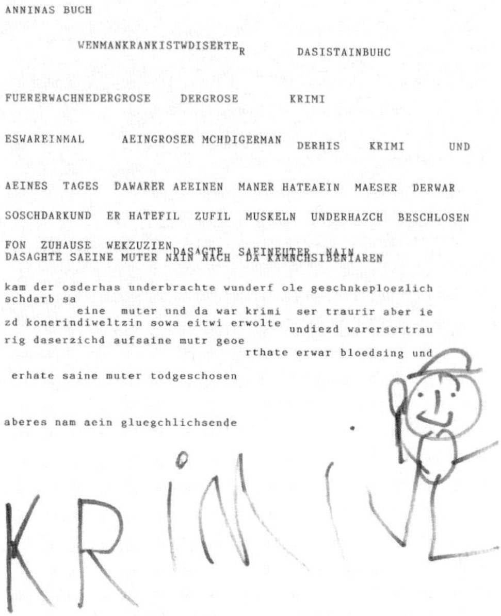
ANNINAS BUCH

WENMANKRANKISTWDISERTER DASISTAINBUHC

FUERERWACHNEDERGROSE DERGROSE KRIMI

ESWAREINMAL AEINGROSER MCHDIGERMAN DERHIS KRIMI UND

AEINES TAGES DAWARER AEEINEN MANER HATEAEIN MAESER DERWAR

SOSCHDARKUND ER HATEFIL ZUFIL MUSKELN UNDERHAZCH BESCHLOSEN

FON ZUHAUSE WEKZUZIEN DASAGTE SAFINEUTER NAIN
DASAGHTE SAEINE MUTER NAIN NACH DA KAMNCHSIBENIAREN

kam der osderhas underbrachte wunderf ole geschnkeploezlich schdarb sa
eine muter und da war krimi ser traurir aber ie
zd konerindiweltzin sowa eitwi erwolte undiezd warersertrau
rig daserzichd aufsaine mutr geoe
rthate erwar bloedsing und

erhate saine muter todgeschosen

aberes nam aein gluegchlichsende

Und ebenso verblüffend wie der souveräne Umgang mit der Erzähl-Sprache ist Anninas offensichtliche Einsicht in schriftsprachliche Muster. Sie schreibt die meisten Wörter mit einem Abstand dazwischen, hat also schon eine Vorstellung davon, was ein Wort ist. Für „ö" und „ü" schreibt sie konsequent „oe" und „ue" . Interessant ist ihre ganz eigene Schreibweise für „ei": „aei", die sie bis auf eine Ausnahme durchhält. Sie weiß noch nicht, dass es Satzzeichen gibt und Groß- und Kleinschreibung. Aber ist das in diesem Moment wichtig?

Wichtig ist aber, dass ihre Mutter, statt die vielen Fehler im Text zu kommentieren, die Leistung würdigen konnte, die ganz offensichtlich darin steckt. Ganz allein hat Annina eine für sie *im Moment* passende Schreibweise für ihre Geschichte gefunden, eine Leistung, die *„ins Leben gerahmt"* (Andresen in: Elschenbroich 2001, Film) gehört!

Im Laufe der Zeit und abhängig davon, wie viel Kinder über Schrift erfahren und wie viele Gelegenheiten sie bekommen, das Schreiben zu üben, wollen sie von selbst auch die korrekte Schreibweise eines Wortes wissen. Man kann ihnen dann, wenn sie selbst an dem Punkt angelangt sind, einen „ganz vorsichtigen

Blick über den Zaun vorschlagen, wenn sich aus dem Geschehen heraus eine Richtung anbietet" (1994, S. 194), wie es der französischen Lehrer Paul Le Bohec ausdrückt. Das kann geschehen, etwa indem man fragt: „Möchtest du wissen, wie die Großen das schreiben?" oder „Soll ich dir das in Erwachsenenschrift schreiben?" Immer müssen die Kinder aber selbst entscheiden können, ob sie es zu diesem Zeitpunkt wissen wollen oder eben (noch) nicht.

Deutsche Gesellschaft für Lesen und Schreiben
Zehn Rechte der Kinder auf Lesen und Schreiben (Punkt 1):

„Kinder haben das Recht auf frühe Begegnungen mit Büchern und Schriftsprache. Lesen und Schreiben müssen bereits im Kindergarten eine sichtbare Funktion erhalten.

Das beginnt damit, dem Sprechen und Zuhören eine hohe Aufmerksamkeit zuteil werden zu lassen.

Die zusammenhängenden Fähigkeiten Zuhören, Sprechen, Lesen und Schreiben bilden den Ausgangspunkt für die Planung von Aktivitäten und die Gestaltung von Räumen im Kindergarten und in der Grundschule.

Wir schreiben, weil wir anderen etwas zu sagen haben, wir lesen, um zu erfahren, was andere uns durch Schrift zu sagen haben.
Kinder brauchen deshalb

- *vielfältige Gelegenheiten, um zu kommunizieren und Beziehungen aufzubauen.*
- *alltägliche Situationen, in denen Kinder und Erwachsene zusammen lesen, damit Lesen zum Bestandteil des Alltags der Kinder wird,*
- *Umgebungen, in denen Buchstaben, Wörter und Texte sowie Schreibmaterialien ständig präsent sind und zum Gebrauch einladen, damit sie handelnd vielfältige Erfahrungen mit Schriftsprache sammeln können.*
- *die Erfahrung, dass das genießende und auf individuelle Interessen bezogene Lesen im Alltag eine positive Funktion haben kann,*
- *die Einsicht, dass Lesen und Schreiben aufeinander bezogen sind, als persönlicher Gewinn erlebt werden können und Erkenntnisgewinn ermöglichen.*

Werden frühe Erfahrungen mit Schrift so gestaltet, bedeutet dies, dass Erzieherinnen, Erzieher und Lehrkräfte Umgang mit Schrift an das grundlegende Bedürfnis der Kinder nach Beziehungen und Kommunikation anknüpfen."

KAPITEL IV

Dieses Kapitel bietet eine Fülle von praktischen Vorschlägen und Ideen, wie der Kindergarten eine Schriftumgebung für Kinder bereitstellen kann. Dazu gehören die gezielte Nutzung von Schreibanlässen im Alltag, vorlesen, Schreibecken und Schreibwerkstätten, die eigene Bücherei und etliche Spiele, die das Lesen anregen. Das alles zeigt, dass es gar nicht aufwändig sein muss, eine schriftförderliche Umgebung unter ganz normalen räumlichen und strukturellen Bedingungen zu schaffen. Schrift wird so zu einem selbstverständlichen Begleiter der Abläufe und des Handelns der Kinder im Alltag.

Stifte, Federn, Schreibmaschinen, viel Papier und eine Anlauttabelle

Schriftumgebung im Kindergarten

Ein schreibfreundliches Klima muss jede Kita selbst entwickeln

Eine Schriftumgebung, ein schreibfreundliches Klima im Kindergarten zu schaffen, ist gar nicht schwer. Der Alltag bietet viele Ansatzpunkte, um mit geringem zeitlichem Aufwand der Schrift einen angemessenen Platz zu verschaffen. Es gibt dafür keine allgemeingültigen Vorgaben: Jede Einrichtung, jede Gruppe muss ihren eigenen Weg zur Schrift finden. Vielfalt ist ausdrücklich erlaubt. Die folgenden Anregungen sind in diesem Sinn zu verstehen, nicht als Gebrauchsanweisung, wie eine Schriftumgebung aussehen muss, sondern viel eher als eine Initialzündung für die Umsetzung von Ideen, die sicher da und dort schon vorhanden sind. Auch als Ermutigung einfach anzufangen, möchte ich die folgende Aufzählung von Ideen und Erfahrungen verstehen. Es gibt kein Richtig oder Falsch, es kommt allein darauf an, die vorhandenen Möglichkeiten zu nutzen, zu erweitern oder neue zu schaffen. Wichtig und unerlässlich ist aber die vor allem im vorangegangenen Kapitel beschriebene Grundhaltung gegenüber den Schreib-Lernprozessen von Kindern.

Schreibanlässe im Alltag nutzen

Kinder lernen am einfachsten Funktionsweise und Einsatzmöglichkeiten der Schrift kennen und schätzen, indem sie sie im Alltag gebrauchen. Das gelingt dann gut, wenn alltägliche Situationen zu „Schreibanlässen" werden. Dazu brauchen die Kinder Erwachsene, die sie darauf aufmerksam machen, dass hier Schrift im Spiel ist und einen Nutzen hat. Schreibanlässe sind Lese- und Schreibgelegenheiten. Kinder finden leichter einen Zugang zur Schrift, wenn sie Erwachsene haben, die ihnen als Modell dienen, die ihnen Schreiben und Lesen vorleben. Die Schrift muss den Kindern nicht „bei"gebracht werden. Sie müssen auch keinen Unterricht bekommen oder sich mit Schreibprogrammen abquälen. Sie müssen aber teilhaben dürfen an den Schrift-Aktivitäten der Erwachsenen oder im Alltag eigene entdecken.

So sind sie dabei, wenn die Erzieherin einen Einkaufszettel schreibt oder sich Notizen macht und das Schreiben langsam lesend begleitet! Die Kinder sehen zu, wie eine neue Namensliste geschrieben wird oder eine Mitteilung an die Eltern. Sie werden ermuntert, selbst zu schreiben – ihren eigenen Einkaufszettel oder einen Zettel für die Gruppenbesprechung oder einen Brief an die Eltern oder sie tragen sich ins Benutzerbuch der Holzwerkstatt ein usw.

Merkzettel

Merkzettel dokumentieren alltägliche Absprachen

Merkzettel sind ein gutes Mittel, den Sinn von Schrift im Alltag zu erleben. Mara zum Beispiel, zu dieser Zeit drei Jahre alt, fährt am liebsten „vorne" auf dem Teewagen mit in die Küche. Wenn ihr Lieblingsplatz schon besetzt ist, wird sie immer sehr wütend, bis ihre Erzieherin ihr vorschlägt, aufzuschreiben, dass sie beim nächsten Mal vorne mitfahren darf. Mara ist einverstanden, der Zettel wird geschrieben, und Mara unterschreibt ihn. Bei der nächsten Teewagen-Fahrt verweist Mara auf ihren Zettel: „Da steht, dass ich jetzt vorne mitfahren darf." – und keines der anderen Kinder macht ihr dieses Mal den Platz streitig. Mara bringt der Merkzettel Entspannung und Entlastung. Sie kann darauf vertrauen, dass sie mit seiner Hilfe zu ihrem Recht kommt. Da der Platz vorne auf dem Teewagen sehr begehrt ist, nutzen bald auch andere Kinder die Wirkung der Merkzettel, um den vorderen Platz für sich zu sichern. Das kann Mara gut akzeptieren, denn was aufgeschrieben ist, gilt! Auch wenn sie es selbst noch nicht lesen kann.

Auch andere täglich wiederkehrende kleine Konflikte, zum Beispiel, wer neben dem Baby sitzen und es füttern oder den Nachschlag aus der Küche holen darf, lassen sich wunderbar über Merkzettel regeln. Gleichzeitig erfahren die Kinder, wie schnell und einfach sich Dinge lösen, wenn sie schriftlich festgehalten sind. Das Aufschreiben verhindert weitere Eskalation in zugespitzten Situationen, ohne dass die Wünsche und Gefühle der Kinder abgetan oder verletzt werden. Im Gegenteil: Sie erfahren, dass diese sehr ernstgenommen werden. Schließlich werden

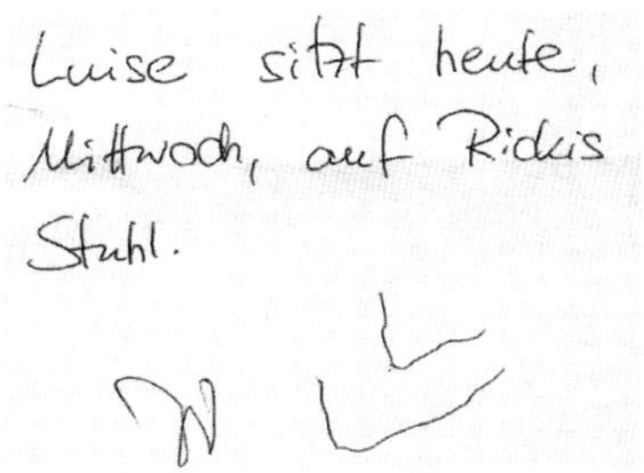

sie ja sogar aufgeschrieben, wie hier Luises dringender Wunsch, in Rickys Abwesenheit auf deren Stuhl sitzen zu dürfen:
Kinder nutzen die Möglichkeit, sich per Schrift etwas zu merken, bald auch von sich aus. Deniz, vier Jahre, kam eines Tages mit einem Zettel in der Hand zu mir. Er erklärte mir mit viel Mühe, denn seine Sprache war noch nicht altersgemäß entwickelt, was es damit auf sich hatte. Unser Flur wurde renoviert, und wir mussten einen anderen als den gewohnten Eingang benutzen. Deniz schien ein paar Mal in die falsche Richtung gelaufen zu sein und hatte sich wohl darüber geärgert. Also hat er sich einen Zettel „geschrieben," auf dem stand, wie er gehen musste, um den neuen Eingang zu benutzen. Er zeigte mir ganz genau, an welcher Stelle ich den Zettel aufhängen sollte.

Igitt-Kärtchen

Auch Vorlieben und Abneigungen beim Essen kann man schriftlich regeln

Eine besondere Form der Merkzettel sind die „Igitt-Kärtchen". Eine Zeitlang haben vor allem die Schulkinder in der Schlümpfe-Gruppe ständig am Essen herumgemeckert, aber auch die Kleineren ließen sich bald davon anstecken. Ständig war zu hören: „Das ess' ich nicht." „Das schmeckt mir nicht." „Kann ich ein Brot haben?" Die Essens-Situation machte deshalb niemand mehr so richtig Spaß. Die Erwachsenen mussten andauernd entscheiden, ob es für ein Kind unerträglich war, das zu essen, was auf dem Tisch stand und ob es stattdessen ein Brot essen durfte. Da kamen wir auf die Idee, „Igitt-Kärtchen" zu machen: Jedes Kind sollte bis zu drei Gerichte aufschreiben, die es absolut nicht essen konnte. Bei allen anderen sollten sie sich des Gemeckers enthalten. Die Schulkinder schrieben ihre Kärtchen selbst, die Kleinen malten und ließen sich von den Großen aufschreiben, was sie nicht essen wollten. So konnte immer nachgeschaut werden, ob das Essen für das betreffende Kind als

„igitt" galt oder nicht. Die Vorlieben der Kinder änderten sich und dann mussten auch die Kärtchen geändert werden. Manche Kinder schafften es auch, vier oder fünf „Igitt-Gerichte" aufzuschreiben, ohne dass es von den anderen beanstandet wurde. So kehrte bald wieder Frieden ein beim Mittagessen …

Phillipp, fünf, mag keine Zucchini und keinen Reis, später auch keine Pilze

Ausleihzettel

In unsere Gruppe war es üblich, dass Kinder Spielsachen oder Teile aus der Verkleidungskiste bis zum nächsten Tag mit nach Hause nehmen konnten. Zunächst war es als Hilfe für uns Erzieherinnen gedacht, festzuhalten, wer was mitgenommen hat. Wir oder die Eltern schrieben auf einen Zettel, was ausgeliehen wurde. Aber dann wurde mehr daraus. Wir baten die Kinder immer, ihren Ausleihzettel zu unterschreiben. Bald schien es, als wollten die Kinder vor allem deshalb etwas ausleihen, weil sie dann unterschreiben durften. Eine ähnliche Erfahrung machte auch der Leiter der Einrichtung. Kinder kamen immer wieder zu ihm ins Büro, um etwa den Locher oder den Tacker auszuleihen – natürlich mussten sie auch hier quittieren, was sie mitgenommen hatten.

Kaum waren sie mit ihrem Ausleihgegenstand zur Tür draußen, kamen sie auch schon wieder herein, um ihn abzugeben und etwas anderes auszuleihen oder kamen nach fünf Minu-

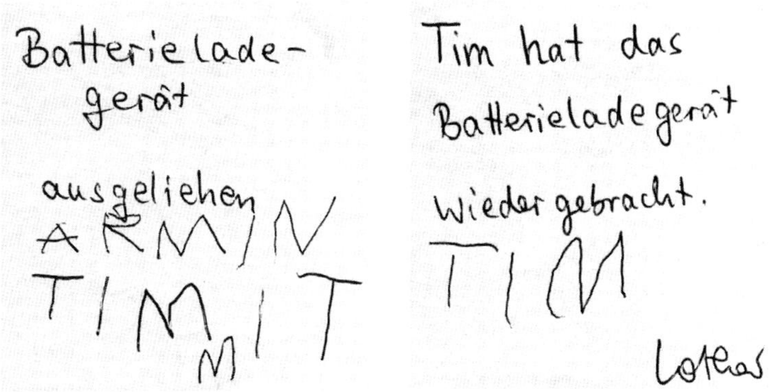

Armin und Tim, beide fünf, haben das Batterieladegerät ausgeliehen und wieder zurückgebracht. Beim Unterschreiben sagt Tim: „Ich kann auch rückwärts schreiben."

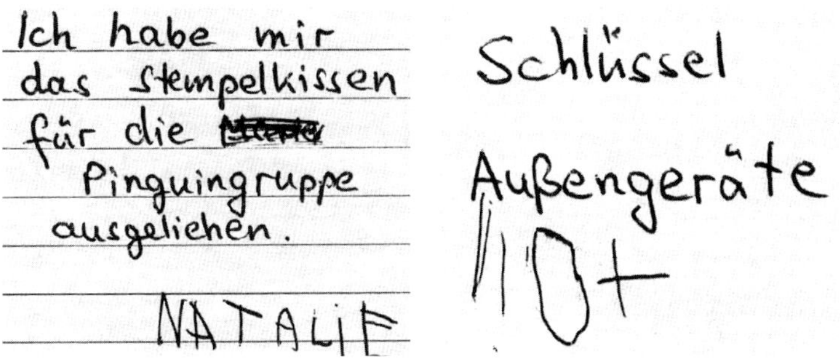

Nathalie und Max, beide fünf, liebten es, für ihre Gruppen Sachen aus dem Büro auszuleihen. Als Max seinen Ausleihzettel unterschrieb, bemerkte er: „Zuerst das „M", dann das „A" und dann mache ich noch ein Kreuz."

ten wieder, um erneut das auszuleihen, was sie gerade zurückgegeben hatten. Es ging hier offensichtlich nicht um den Gegenstand, sondern um den Vorgang an sich: Ausleihen, Unterschreiben, Zurückgeben usw. und allem Anschein nach vor allem um das Schreiben. Es schien, als wollten sie eine neu entdeckte Kompetenz lustvoll immer wieder ausprobieren, sich ihrer immer aufs Neue vergewissern.
Nathalie und Max, beide fünf, liebten es, für ihre Gruppen Sachen aus dem Büro auszuleihen. Als Max seinen Ausleihzettel unterschrieb, bemerkte er: „Zuerst das „M", dann das „A" und dann mache ich noch ein Kreuz."

Abmeldezettel

Ute Andresen (in: Elschenbroich 2001, Film) beschreibt etwas Ähnliches für das „Abmelden" von Kindern, sobald sie ge-

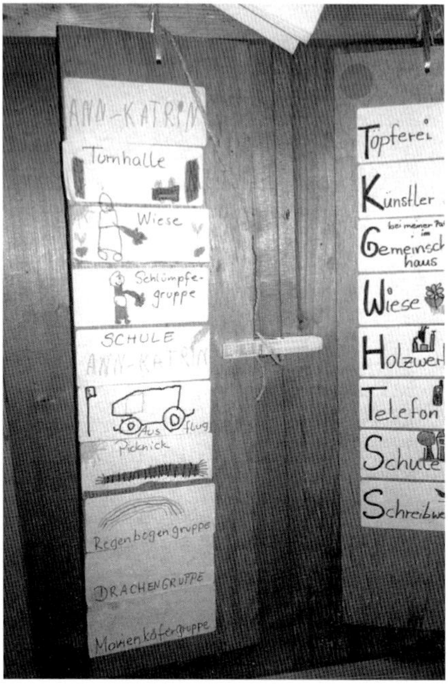

Mit einer Klammer zeigt Ann-Katrin an, wo sie sich gerade aufhält

lernt haben, das in Schriftform zu tun. Sie sagt, man habe den Eindruck, die Kinder würden nur deshalb immer wieder nach draußen gehen, um erneut einen Abmeldezettel schreiben zu können. Zuweilen kann es richtig anrührend sein, zu erleben, wie kompetent Kinder die Schrift auf ihrer jeweiligen Entwicklungsstufe für sich nutzen. In unserer Einrichtung gab es die Regelung, dass Kinder, sobald wir sie für „erwachsen" genug hielten, das Recht hatten, ohne Erwachsene die Wiese und das gesamte Außengelände zu besuchen. Sie bekamen dann eine persönliche Abmeldetafel mit dem Hinweis für „Wiese", „Turnhalle" u. a., selbst gemalt oder geschrieben. Eine Wäscheklammer zeigte dann an, wo sich das Kind (wahrscheinlich) gerade befand.

Max, damals drei Jahre alt, besaß zu dieser Zeit noch keine eigene Abmeldetafel. Er sollte das Außengelände noch nicht ohne Begleitung aufsuchen. Eines Tages suchten wir ihn dann allen Regeln und Verboten zum Trotz im ganzen Haus. Er war unauffindbar. Wir machten uns natürlich große Sorgen, wo er denn stecken könnte. Da kam er völlig verschwitzt offensichtlich von draußen, wie an seinen lehmverschmierten Schuhen unschwer zu erkennen war. Auf unsere Frage, wo er denn solange so ganz allein war, sagte er: „Auf der Wiese." Und auf unsere Vorhaltungen, dass wir ihn überall gesucht und uns große Sorgen gemacht hätten, rief er: „Ich habe doch einen Zettel geschreibt. Einen orangenen!" Er war sichtlich empört, dass wir nicht gemerkt hatten, dass er sich – sogar schriftlich – abgemeldet hatte. Anscheinend hatte er beobachtet, dass sich die Erwachsenen und Schulkinder öfter auf ihrem Weg zur Wiese abmeldeten. Warum also sollte er das nicht auch tun. Nach dem ersten Ärger über sein Verschwinden konnten wir ihm schließlich mitteilen, wie stolz wir auf ihn und seine Idee mit dem Abmeldezettel waren. Nach einigen „Verhandlungen" und Vereinbarungen, die uns sicherer machen sollten, hatte bald auch Max seine eigene Abmeldetafel.

Mit Abmeldetafeln und Benutzerbüchern zeigen die Kinder, wo sie sich aufhalten und was sie tun

Benutzerbücher und Listen

In manchen Kindertagesstätten wird der Zugang zu den Werkstätten über so genannte Benutzerbücher geregelt. Kinder tragen sich mit ihrem Namen darin ein und können dann in der Werkstatt arbeiten. Wenn sie fertig sind, räumen sie auf und „haken" sich ab. Kleinere Kinder lassen sich oft von größeren ihren Namen schreiben. Es ist aber zu beobachten, dass die meisten Kinder allen Ehrgeiz daran setzen, sich selbst einzutragen und deshalb beginnen, ihren Namen zu üben. Eine Mutter erzählte uns, dass sie ihrer vierjährigen Tochter Theresa immer wieder ihren Namen vorschreiben musste, weil sie sich unbedingt selbst ins Benutzerbuch für die Holzwerkstatt eintragen wollte. Als sie das Schreibens ihres Namens beherrschte, nutzte sie jede Gelegenheit, um in die Werkstatt zu gehen. Doch das schien ihr nicht zu reichen, sie hat auch für zu Hause ein Benutzerbuch, und zwar für die Toilette, angelegt, in das sich alle Familienmitglieder vor der Benutzung eintragen mussten. Dass es eingehalten wurde, hat Theresa streng kontrolliert.
In anderen Gruppen liegen Listen z. B. für die Computernutzung aus, in die sich die Kinder eintragen. Auch hier wird das Namen-Schreiben geübt und dabei zum ersten Mal die Funk-

Um in der Werkstatt arbeiten zu können, tragen sich die Kinder mit ihrem Namen ein.

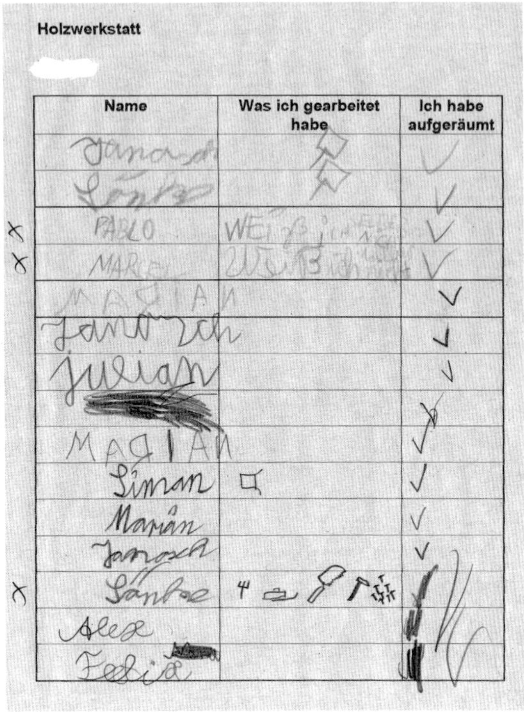

tion einer Liste kennen gelernt: Dass nämlich die Reihenfolge der Einträge wichtig ist – und zwar von oben nach unten: Wer also „oben" steht, kommt zuerst dran.

Einkaufszettel

Fast alle Kinder lieben es, mit einkaufen zu gehen, vor allem, wenn sie mitbestimmen dürfen, was eingekauft wird. Was liegt also näher, als mit ihnen auch den Einkaufszettel zu schreiben? Wenn zum Beispiel für ein Fest eingekauft wird, haben die Kinder meistens sehr genaue Vorstellungen davon, was sie dafür haben möchten. Die Erzieherin könnte sie auffordern, ihr beim Aufschreiben zu helfen. Zunächst werden die Kinder vielleicht Symbole verwenden oder ein Bild zeichnen. Wenn die Erzieherin selbst in großen Blockbuchstaben schreibt und dabei vor sich hinsagt, was sie gerade aufschreibt, beginnen die Kinder nach und nach einen Zusammenhang zwischen dem geschrie-

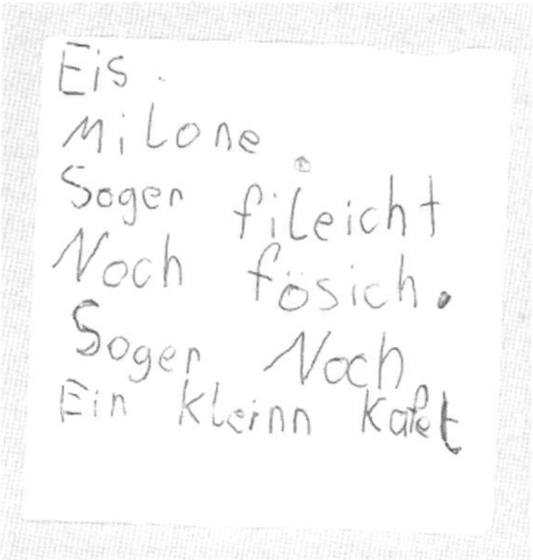

Tine war sechs, als sie Folgendes einkaufen wollte: „Eis, Melone, Zucker, vielleicht noch Pfirsich, noch ein kleines Paket Zucker"

benen und dem gesprochenen Begriff herzustellen. Vielleicht erkennen sie beim nächsten Mal schon das „G" bei Gummibärchen wieder, weil ihnen Gummibärchen wichtig sind.

Auch der Einkauf selbst kann in diesem Sinn genutzt werden. Man kann zum Beispiel die Suche nach dem Kakao im Regal des Supermarkts kommentieren: „Hier steht noch Kakao auf dem Zettel. Wo steht denn der Kakao? Könnt ihr den Kakao sehen? Ah, hier! Hier steht Kakao auf der Dose? Was steht als Nächstes auf dem Zettel?" usw.

Koch- und andere Rezepte

Wenn in der Gruppe gebacken oder gekocht werden soll, müssen Rezepte ausgewählt und die Zutaten besorgt werden. Wenn alles bereit liegt, muss immer wieder vom Rezept abgelesen werden, was und wie viel als nächstes in den Waffelteig kommt oder was für das Nudelgericht kleingeschnitten werden muss. Vielleicht wurde das Rezept ja zuvor aus einem Kochbuch in großen Buchstaben abgeschrieben?

Hier kann ähnlich verfahren werden wie beim Einkauf: „Hier steht 250 g Zucker und 1 Päckchen Vanillezucker." Jetzt können die Kinder den Zucker abmessen und in den Teig geben. Man kann beiläufig darauf hinweisen, dass auf der Packung „Zucker" steht. Man kann auf das „Z" zeigen und erklären, dass „Zucker" mit „Z" beginnt wie das „Zebra" auf der An-

Knete-Rezept von Katharina

Mai 2004

1. Wasser in eine Schale
2. Kleisterpulver dazu gemacht
3. ein bisschen umgerührt
4. ein Tag stehen lassen
5. umrühren
6. ein bisschen geriebene Seife
7. dann ein bisschen Krepp-Papier dazu
8. umrühren
9. dann war es bunt

Juni 2004

1. Es war fest
2. Und dann habe ich ein bisschen Farbe genommen
3. ein bisschen umgerührt
4. dann einen Stock gesucht
5. dann mit Löffel, Gabel oder Messer Rot auf den Stock gemacht
6. Mit Grün habe ich Wellen gemacht
7. und mit Gelb einen Punkt oben drauf
8. und dann mit dem Stock ein Spielzeugstreichholz
9. und dann mit dem Stock am Arbeitstisch festgeklemmt
10. und dann kam die Franziska und hat gesagt, ich soll es wegmachen. Aber ich wollte es nicht wegmachen. Und dann musste ich es doch.

lauttabelle, und dass der Özgün auch ein „Z" im Namen hat. Man könnte auch fragen, welches Wort sich am Anfang gleich anhört wie „Zucker" und daraus Wortspiele entwickeln usw. Man könnte fragen, ob die Kinder auch die anderen Buchstaben im Wort „Zucker" schon kennen. Jede weitere Zutat kann ähnlich kommentiert werden – unangestrengt und ohne großen Anspruch, aber sehr wirkungsvoll, wenn es keine einmalige Sache bleibt. Auch Rezepte für die Herstellung von „Gift" beim Experimentieren oder von Knete werden von den Kindern selbst aufgeschrieben bzw. ihrer „Schreibmaschine" diktiert und dann immer wieder gelesen. So stellt sich für die Kinder auch immer wieder der Zusammenhang zwischen Schreiben und Lesen her.

Katharina, sechs, hat zuerst Knete hergestellt, dann hat sie mehrere Stöcke an Tischen befestigt und die noch weiche Knete darum gewickelt, um Kerzen zu erhalten. Die hat sie schließlich bunt angemalt. Weil sie noch kein richtiges Feuer machen darf, hat sie „Spielzeugstreichhölzer" aus Stöcken hergestellt.

Experimente können dokumentiert, Rollenspiele mithilfe von Schrift intensiviert werden

Katharina hat hier nicht nur eine Zutatenliste für die Herstellung von Knete aufschreiben lassen. Vielmehr hat sie die *Dokumentation eines Experiments* verfasst und sie ihrer Erzieherin Christa diktiert. Wochen später hat Katharina ihre Versuchsreihe fortgesetzt.

Auch andere Rezepte wie zum Beispiel das für „die weiße, klebrige Masse"(Henneberg u. a. 2004, S. 67) müssen aufgeschrieben werden, wenn man sie nicht vergessen will.

Rollenspiele

Rollenspiele können durch Schrift an Intensität gewinnen. Wenn zum Beispiel die „Ärztin" nicht nur die Herztöne abhört, sondern auch ein Medikament verschreibt oder der Zugschaffner Fahrscheine ausstellt.

Im „Restaurant" gibt es eine Speisekarte, der Kellner stellt eine Rechnung aus. Die Postbotin kann „echte" Briefe bringen und sich die Zustellung quittieren lassen usw. Hier könnte auch das gute alte „Post-Spiel", das sich in meiner Kindheit größter Beliebtheit erfreute, mit Briefumschlägen, Briefmarken, Paketkarten und Stempeln, zum Einsatz kommen.

Manchmal kommen die Kinder von sich aus darauf, Schrift in ihr Spiel einzubeziehen. Manchmal brauchen sie vielleicht eine vorsichtige Anregung: „Braucht der Patient für seine Krankheit vielleicht ein Medikament? Möchtest du ihm ein Rezept ausschreiben? Soll ich deine Sprechstundenhilfe sein und es für dich aufschreiben?"

Auch Thaya, zu diesem Zeitpunkt vier Jahre alt, hat schon das Protokoll einer Kinderkonferenz geschrieben.

(Mit freundlicher Genehmigung des Kindergartens St. Peter und Paul, Hammelburg)

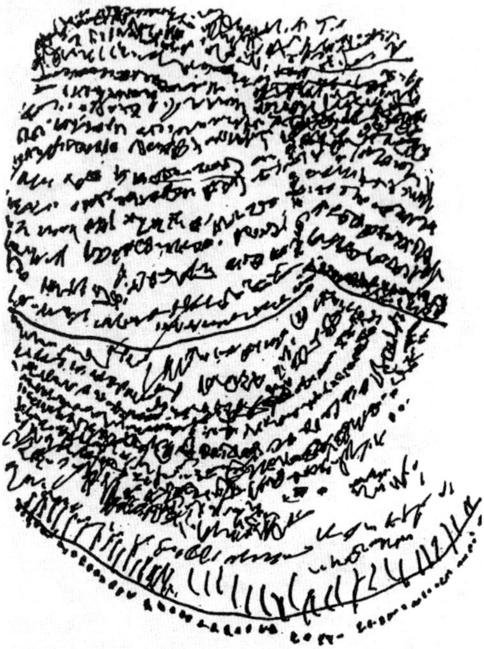

Vor allem wenn Kinder „Schule" spielen, ist Schrift fast zwangsläufig Thema: Die „Lehrerin" gibt „Hausaufgaben", lässt Diktate schreiben „korrigiert" sie usw. Auch das kann unterstützt werden, zum Beispiel durch eine Schiefertafel oder Schriftfahnen mit dem Alphabet, Anlaut-Tabellen in Großformat oder echte Schreibhefte, die in das Spiel integriert werden. Damit Schrift in Rollenspielen zum Einsatz kommen kann, braucht es natürlich die dafür notwendigen Utensilien: Papier, Schreib-Stifte, Radiergummi, einen „Schreibtisch" usw., am besten eine ganze Schreibwerkstatt (siehe Seite 110 ff.).

In der „Roten Gruppe" in einem städtischen Kindergarten in Reinheim benutzen Kinder Schrift schon wie die „Großen": Da waren einmal Schulkinder zu Besuch, die ihrer Lehrerin ihre ehemalige Gruppe zeigen wollten. Die Vorschulkinder, die regelmäßig freiwillig(!) (Henneberg u. a. 2004, S. 111 ff.) zusammenkommen, um schon einmal für die Schule zu üben, waren ganz aufgeregt und auch sehr gespannt, hofften sie doch, von den Schulkindern zu erfahren, wie es wirklich in der Schule ist. Als alle im „Schulraum" versammelt waren, fiel Sven, noch Kindergartenkind, dadurch auf, dass er bereits ins Schreiben vertieft dasaß, als die übrigen Kinder den Raum betraten. Rosy, seine Erzieherin wollte wissen, was er denn da schreibe. Svens Antwort lautete: „Ich schreibe auf, was ich fragen will. Zum Beispiel, ob man in der Schule auch aufs Klo darf." Dann stellten die Vorschulkinder ihre Fragen und die Schulkinder oder die Lehrerin antworteten. Katharina, ebenfalls noch im Kindergarten, stellte keine Fragen. Sie schrieb vielmehr unaufgefordert über den Großteil der Zeit. Als nun sie gefragt wurde, was sie denn so eifrig mache, antwortete sie: „Na, aufschreiben, was alle sagen!" Beide Kinder können noch nicht im eigentlichen Sinn schreiben, aber sie benutzen die Schrift, als *könnten* sie es schon, sie „notieren" sich als Vorbereitung auf ein Gespräch Fragen auf und „führen Protokoll". Ohne den von Erwachsenen geschaffenen Rahmen, das „Schule-Spielen" und die Bedeutung, die der Schrift im Alltag beigemessen wird, würden sie es so sicher nicht tun.

Schule spielen – da ergibt sich eine Fülle von Schreibanlässen

Regelspiele

Die phonologische Bewusstheit, also die beginnende Einsicht in den Zusammenhang zwischen Laut und Buchstaben, das Wissen darüber, dass sich Wörter in einzelne Laute und Silben, Sätze in Wörter usw. zerlegen lassen, kann gut mit Regelspielen begleitet und gefördert werden. Altbewährte Spiele bieten sich dafür an, die entsprechend abgewandelt werden. So wird bei „Ich sehe was, was du nicht siehst" nicht wie üblich eine Eigenschaft des Suchobjekts, wie beispielsweise die Farbe, genannt, sondern der Anfangsbuchstabe und – erweitert – „hört mit R auf". Auch „Mein rechter, rechter Platz ist leer", kann in einer „Buchstaben-Version" gespielt werden. Die Kinder können sich zum Beispiel ein Kind „her"-wünschen, dessen Name mit „A" anfängt, und es kann auf Tier-Namen oder Lieblingsspielsachen ausgeweitet werden.

Beim „Wörtersammeln" rollen sich die Kinder einen Ball zu und nennen dabei Wörter, in denen der Buchstabe vorkommt, der in der Runde dran ist, also in der „A-Runde" „Apfel", „Tomate", „Hand" usw. Eine Abwandlung davon: Die Erzieherin oder ein Kind nennen Wörter, und wenn der vorher vereinbarte Laut darin vorkommt, klatschen oder klopfen die Kinder oder springen auf. Verstärken kann man die Wirkung durch Aufschreiben der Begriffe in großen Blockbuchstaben. So ist schwarz auf weiß zu „lesen", wie das „A" von „APFEL" aussieht. Die Kinder können nach und nach erkennen, dass für ein Wort immer mehrere Buchstaben nötig sind, sie können sie zählen und sich über die Form der Buchstaben austauschen. Auch Vergleiche ergeben sich fast zwangsläufig: „TOMATE" fängt an wie „TAYEB", auch ein „A" gibt es bei diesem, aber kein „O" usw.

Erzieherinnen haben ein großes Repertoire an Spielen, die sich auf ihre Tauglichkeit als „Buchstaben-Laut-Spiel" überprüfen lassen. Viele nützliche Tipps und Anregungen finden sich bei Leonhard Blumenstock (2004).

Beschriftungsaktionen

Gegenstände im Kindergarten mit ihrem Namen versehen – schon hat man eine unmittelbare Verknüpfung von Ding und Begriff

„Mit der bei uns im Kindergarten oft tabuisierten Schriftsprache werden in englischen nurseries schon die Kleinkinder vertraut gemacht. Überall stoßen Kinder auf Schriftzeichen, und das oft in verschiedenen Sprachen. Auf dem Kühlschrank steht in großen Buchstaben „fridge", an der Tür „door", die Bilder aller Kinder sind mit Namen versehen und dies ebenfalls häufig mit unterschiedlichen Schriftzeichen" (Pesch 2003, S. 16).

Eine Erzieherin in Wiesbaden-Breckenheim hat diese Idee für ihre Kindergartengruppe aufgegriffen. Sie erzählte den Kindern davon und fragte sie, ob sie Lust hätten, ihre Gruppe zu „beschriften". Die hatten sie.

Daraufhin wurde gemeinsam entschieden, welche Gegenstände im Raum einen „Namen" bekommen sollten. Die Erzieherin hat die Wörter vorgeschrieben, und die Kinder haben sie mit Feuereifer abgeschrieben und die Zettel dann an die entsprechenden Gegenstände geklebt. In der nächsten Zeit ist eine regelrechte „Schreibwut" ausgebrochen. Manche Kinder haben auch zu Hause weitergeschrieben. Christian, fünf Jahre alt, empfing seine Eltern voller Begeisterung: „Guck mal, ich hab geschrieben, ich hab richtig geschrieben!" Seitdem sind immer wieder Kinder dabei zu beobachten, wie sie einzelne Wörter abschreiben. Viele Kinder merken sich jetzt neben ihrem Namen und den ihrer Eltern und Geschwister auch ganzheitlich „TÜR", „SPIEGEL" oder „REGAL". Der Schreibeifer wird weiter andauern, denn inzwischen gibt es in der Gruppe auch eine Schreibecke.

Die Erzieherin als „Schreibmaschine"

In einem Neu-Isenburger Kindergarten haben sich die Erzieherinnen zu Schreibmaschinen der Kinder erklärt. Wann immer die Kinder wollen (und die „Schreibmaschinen" Zeit haben), können Kinder ihrer Erzieherin diktieren, was sie gern schreiben wollen. Das sind Briefe, Mitteilungen an Eltern oder andere wichtige Angelegenheiten.

Als eines Tages beispielsweise der fünfjährige Geronimo den Wunsch äußert, Musiker zu werden, gehen seine Erzieherinnen in der Weise darauf ein, dass sie ihn fragen, wie er weitere Bandmitglieder suchen möchte. Geronimo hat bereits eine Idee. In der Kinderkonferenz teilt er mit: „Ich will Musiker werden und möchte eine Band machen. Ich brauche dazu auch noch andere Musiker. Wir müssen ein Plakat schreiben und welche suchen." Den Text für sein Plakat diktiert er seiner Erzieherin, also seiner „Schreibmaschine". Die schreibt ihn in Druckbuchstaben für ihn auf und Geronimo schreibt ihn dann (noch) mühsam ab.

Die Erzieherin, die sich diktieren lässt, erweitert den schriftlichen Handlungsrahmen der Kinder enorm

Es klappt tatsächlich. Die Band wird gegründet und hat drei feste Mitglieder, andere kommen immer mal hinzu. Geronimos Band soll „Cat-Family" heißen und natürlich mit „echten" Musikinstrumenten ausgerüstet sein. Deshalb startet bald die nächste Aktion: Die Kinder wollen einen Flohmarkt machen.

Wieder greifen sie auf ihre „Schreibmaschine" zurück, diktieren ihr einen Plakat-Text, schreiben in ab und hängen das Plakat auf. Immerhin 430,– DM und viel Aufmerksamkeit brachte der Flohmarkt ein. Nach weiteren Unternehmungen in einem Zeitraum von mehr als sechs Monaten erfüllt sich Geronimo schließ-

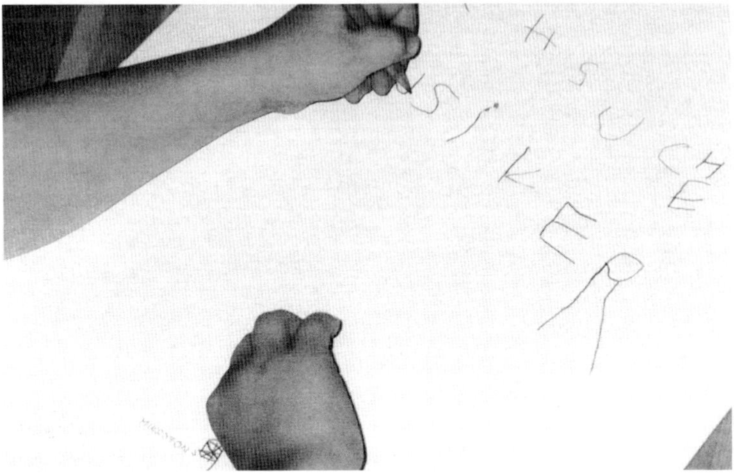

Geronimo: „Ich suche Musiker. Wer ein Instrument spielen will, soll sich bei Geronimo melden."

Auf dem Plakat steht zu lesen: „Kinder und Eltern, die ihre Sachen nicht mehr brauchen, geben sie bei uns ab. Wir verkaufen sie auf dem Flohmarkt."

Die Einladung zum Konzert wurde auf dem Computer geschrieben

CAT FAMILY

tritt auf und singt ihr neues Lied.

Diesmal gibt es richtige Eintrittskarten und noch viel schöner weil wir die Super-Saskia haben. Weil sie sich so gut mit den Eintrittskarten auskennt, wie man sie auf dem Computer macht.

Die Cat Family hat einen super Film gemacht und der wird euch bestimmt gefallen.

lich seinen Wunsch. Die Band verfügt über zwei (alte) elektrische Gitarren, einen Verstärker, ein Schlagzeug und ein Mikrofon. Nicht zuletzt die „Schreibmaschine" hat geholfen, Geronimos außergewöhnliche Idee Wirklichkeit werden zu lassen.

Der Gebrauch von Schrift wird im weiteren Verlauf für Geronimo und die anderen Kinder zur Selbstverständlichkeit. Sie schreiben selbst oder, wenn sie nicht mehr weiter wissen, mit Hilfe ihrer „Schreibmaschine". Sie stellen am Computer Eintrittskarten her, bereiten ihre Auftritte mit vorgefertigten Autogrammkarten vor, kündigen ihre Auftritte selbst an („CAT-FAMILY tritt auf und singt ihr neues Lied!") und sie erfinden „Noten für Mädchen" und „Noten für Jungen".

Briefe schreiben und Briefe bekommen

Briefe haben eine hohe symbolische Bedeutung – auch für Kinder

Es scheint fast so, als wäre das Briefe-Schreiben ein natürliches Bedürfnis von Kindern. Sobald sie erste Ideen vom Schreiben haben, beginnen sie, Briefe an wichtige Bezugspersonen zu schreiben. Manchmal ist es nur ein leeres Blatt Papier, das zum Brief erklärt wird, manchmal ist es ein Bild oder es steht nur der eigene Name darauf. Zum Brief wird es dadurch, dass es einen Umschlag bekommt, häufig mit viel Klebestreifen umwickelt, und es steht nicht etwa der Name des „Empfängers" darauf, sondern der des Absenders. Es ist zu vermuten, dass ein Kind damit ausdrücken will: *„Das ist von mir. Ich will dir das zum Geschenk machen"* (Blumenstock 1986, S. 15).
Ann-Sophie, vier, hat mir einen Brief geschrieben, mit allen Wörtern, die sie schon schreiben kann. Auf den Briefumschlag hat sie „Helke" geschrieben, nachdem ich ihr auf ihre Bitte hin meinen Namen vorgeschrieben habe.
Erst später geht es um „direkte" Botschaften, etwa wie Luises Mitteilung an ihre Mutter. Oder wie bei Annina, vier, die ihrer Mutter eine Karte geschrieben hat, als diese im Prüfungsstress war.

Wenn Kinder das Glück haben, einen erwachsenen Briefpartner zu finden, der ihre Briefe beantwortet, kann schon bald ein reger Briefwechsel entstehen, der die Kinder zur Weiter-

Ann-Sophie, vier, hat mir einen Brief geschrieben, mit allen Wörtern, die sie schon schreiben kann. Auf den Briefumschlag *(Bild unten)* hat sie „Helke" geschrieben, nachdem ich ihr auf ihre Bitte hin meinen Namen vorgeschrieben habe.

Anninas Muttersprache ist Schweizerdeutsch: „Liebi Ulla ich ha göt dasd fil muschafa" (Liebe Ulla, ich habe gehört, dass du viel arbeiten musst.) *(Bild oben rechts)*

entwicklung ihrer Schreibkompetenz anspornt (Freinet 2000, S. 159 ff.). In einem Kindergarten kann das Interesse der Kinder an Korrespondenz durch eigene Briefkästen für jedes Kind unterstützt werden, wie in den schon erwähnten Early-Excellence-Centres. Knapp über dem Erdboden hängt hier für jedes Kind ein Briefkasten. Es kann sich jeden Morgen darauf freuen, Briefe von anderen Kindern, den Erzieherinnen oder den Eltern darin zu finden. Schon das Öffnen der Briefe ist aufregend. Immer findet sich jemand, der die Briefe vorliest und hilft, sie zu beantworten. Und es ist jedes Mal ein kleines Wunder, wenn Aufgeschriebenes durch Lesen lebendig wird.

Die kommunikative Seite der Schrift kann hier voll ausgelebt werden. Erzieherinnen können den Wunsch der Kinder, Briefe zu schreiben und vor allem zu bekommen, zusätzlich dadurch unterstützen, dass sie Eltern und weitere Bekannte und Verwandte aus den Familien der Kinder darüber informieren und sie ermutigen, mit Kindern in einen Briefkontakt zu treten. Wichtig wären dabei zwei Dinge:

1. Die Erzieherin muss sich als „Schreibmaschine" der Kinder anbieten (siehe oben). Es müssen Schreibutensilien im Kindergarten vorhanden sein. Erzieherinnen können Kinder ermutigen, ihre Gedanken als Brief an Eltern und Bekannte aufzuschreiben.

2. Ein vorbereitetes Gespräch mit den erwachsenen Briefpartnern ist notwendig. Auf Briefe von Kindern zu antworten ist etwas ungewohnt. Kurze Sätze sind zu verfassen, keine langen verschachtelten. Der Text muss insgesamt übersichtlich bleiben und die Themen der Kinder berühren. Außerdem sind Druckbuchstaben zu verwenden, damit die Kinder den Text eventuell nachvollziehen (also lesen) können.

Wir selbst haben eine lebhafte Korrespondenz mit unserem Neffen und unserer Nichte gepflegt, als sie begonnen haben, sich für die Schrift zu interessieren.

Marco, fünf, schreibt für seinen Opa einen Brief. Weil wir keine Briefmarke für ihn haben, macht er sich selbst eine und klebt sie auf den Briefumschlag. Stolz zeigt Marco seinen Brief mit der selbstgemalten Briefmarke.

Laura, fünf, ließ sich von ihrem zwei Jahre älteren Bruder die Antwort auf den Brief ihrer Kusine vorschreiben und hat dann alles abgeschrieben.

Selbstgemachte Bücher

Schon Dreijährige heften einzelne Papierblätter zusammen und erklären sie zu Büchern. Manchmal malen und/oder schreiben sie hinein, manchmal reichen ihnen auch die zusammengehefteten Blätter. Wenn sie schon etwas älter sind, gestalten sie die Bücher richtig, oft zu Themen, die sie besonders interessieren, wie zum Beispiel das „ICE-Buch" von Lars. Seine Erzieherin Rosy Henneberg erzählt, wie es dazu kam: *„Wir sind mit den Kindern nach Mannheim ins Planetarium gefahren und muss-*

ten dabei zweimal umsteigen. Auf beiden Bahnhöfen begegneten uns diese wundervollen, silbrig glänzenden ICE-Züge, und leider hatten wir keine Berechtigung, um mit ihnen zu fahren. Lars (zu diesem Zeitpunkt sechs Jahre alt) war noch Tage danach begeistert und suchte mit mir im Kindergarten nach einem Buch darüber. Wir fanden keins, das Wochenende stand vor der Tür, und ich schlug vor, am Montag in die Bücherei zu gehen. Doch Lars hat das Wochenende genutzt und ein ICE-Buch für uns geschrieben und gezeichnet: ‚Weil wir doch keins hatten, und jetzt haben wir eins!'"

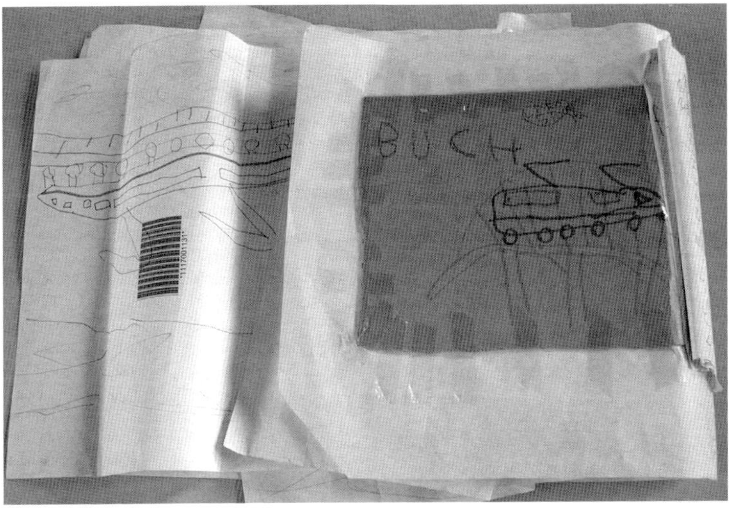

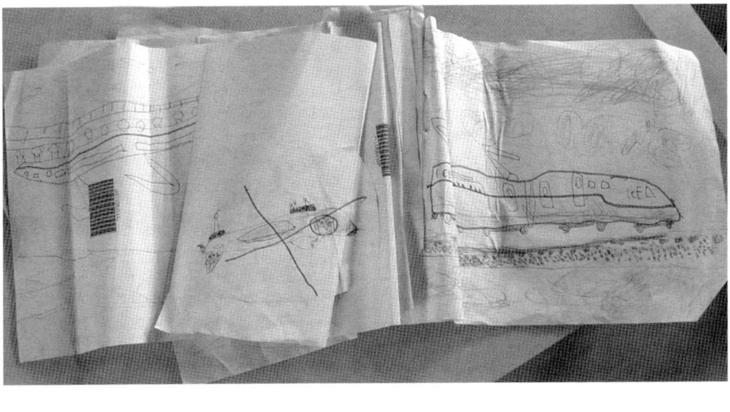

Nach einem Ausflug „schreibt" Lars ein „ICE-Buch"

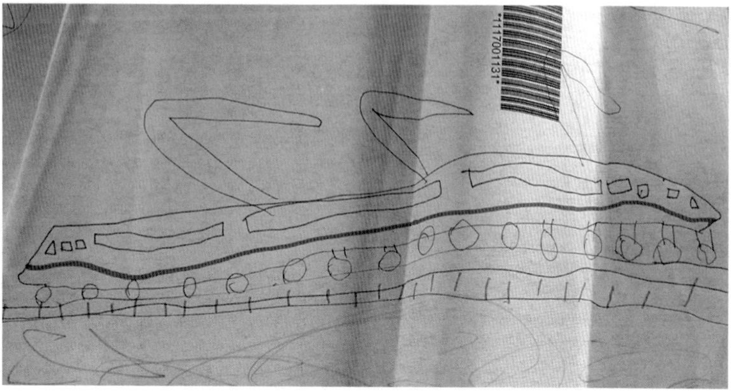

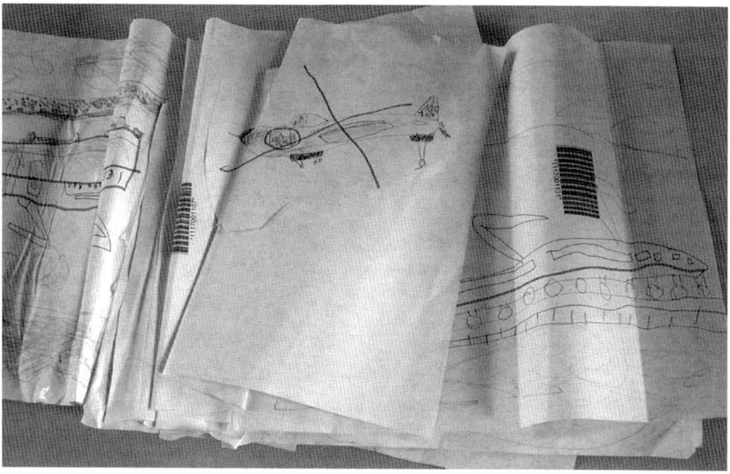

Wortschatzkiste

Kinder haben oft Lieblingswörter, die sie eine Zeitlang ständig benutzen, entweder weil ihnen ihr Klang gefällt oder weil sie etwas, das dem Kind sehr wichtig ist, zum Ausdruck bringen. Manchmal bitten sie die Erwachsenen, ihnen diese Wörter aufzuschreiben.

Melvyn, damals knapp fünf Jahre alt, hatte eine Weile ein Lieblingsbuch. Er nannte es das „lustige Buch". Darin waren viele Abbildungen aller Arten von Affen. Die Orang-Utans und die Gorillas hatten es Melvyn besonders angetan. Er wollte „Orang-Utan" und „Gorilla" schreiben. Seine Erzieherin hat ihm die Wörter vorgeschrieben und er hat sie abgeschrieben. Das Blatt mit den Wörtern darauf hat er ständig mit sich herumgetragen. Manchmal hat er es auch verlegt, dann musste es neu geschrieben werden.

Da hatte eine Erzieherin die gute Idee, ihm ein Kästchen zu basteln. Da hinein kam eine Karte, auf der ein „Gorilla" gemalt und das Wort geschrieben und gestempelt wurde und eine ebensolche mit „Orang-Utan". Melvyn hatte jetzt einen Platz, an dem die Wörter gut gesichert waren, eine richtige Schatzkiste für alle ihm wichtigen Wörter war gefunden, ein magisch anmutender Ort. Von den Karten konnte Melvyn die Lieblingswörter abschreiben, wann immer er Lust dazu hatte, und musste nicht jedes Mal einen Erwachsenen oder ein Schulkind fragen.

Lars´ ICE-Buch fand seinen Platz unter den Sachbüchern im Gruppenregal

So ein Schatzkistchen kann ständig erweitert werden, immer können neue „Wort-Schätze“ dazukommen. Andere Lieblingswörter von Melvyn, wie „Dinosaurier“, „Pokémon“, „Affenarsch“ oder „Monster“, haben darin ihren Platz. Andere Kinder wollten auch eine solche Kiste, und ihr Inhalt sah natürlich ganz anders aus als der von Melvyn. Leonies enthielt zum Beispiel Wörter wie „Einhorn“, „Geisterbahn“ und „Katzenbaby“.

Die Wortschatzkarten spiegeln wider, was den Kindern im Moment wichtig ist, womit sie positive Gefühle, wie zum Beispiel die Erinnerung an den Film „Das letzte Einhorn“ oder an den Jahrmarktbesuch verbinden. Auch Sehnsüchte kommen zum Ausdruck: Leonie hätte zum Beispiel so gern eine Katze, am liebsten ein Katzenbaby. Doch wegen ihrer Katzenhaarallergie geht das nicht. So beschäftigt sie sich viel mit dem Thema Katze. Sie liebt Bilderbücher, in denen Katzen vorkommen und übernimmt auch gern den Part der Katze im Rollenspiel. Mit der Wortkarte ist der Wunsch nun auch auf Papier gebannt. Wer möchte, kann seine Wortschatzkiste auch noch besonders gestalten. Auch hier gilt: Keine Zensur, auch wenn die Lieblingswörter manchmal nicht ganz „stubenrein“ sind.

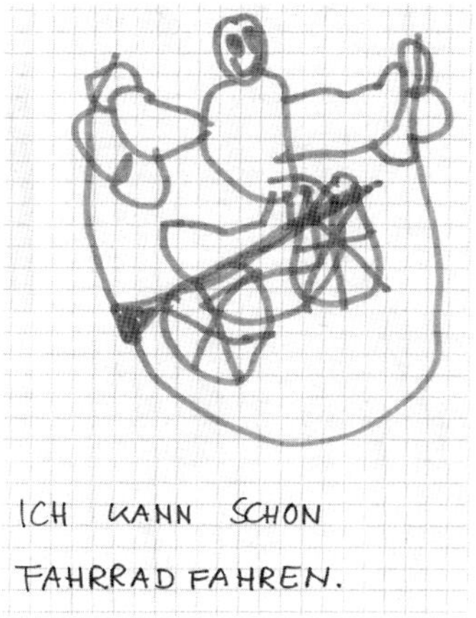

Noel kann schon Fahrrad fahren. Auf dem rechten Bild hat er abgeschrieben, was seine Erzieherin ihm auf seinen Wunsch vorgeschrieben hat: „Ich kann schon ein Boot bauen."

„Was-ich-schon-kann-Bücher"

Im Kindergarten Gartenstraße in Rodenbach/Hessen haben die Erzieherinnen zunächst für die künftigen Schulkinder Hefte angelegt, in die sie für die Kinder eintragen, was die schon alles können. Dazu malen die Kinder Bilder ihrer jeweiligen Fähigkeiten. Noel, zum Beispiel, ist stolz darauf, schon Fahrrad fahren zu können.

Andere Kinder wie Leon schreiben auch selbst auf, was sie schon alles können: Links steht: „Ich kann schon toll meine Mama ans Teegeld erinnern." Damit alle es lesen können, schreibt die Erzieherin es noch einmal in „Erwachsenen-Schrift" dazu, nachdem Leon ihr die Erlaubnis dazu erteilt hat. Rechts hat Leon geschrieben: „Ich kann schon toll schreiben."

Auf die Wichtigkeit solcher Hefte für Kinder macht uns die vierjährige Zoe aufmerksam. Sie möchte auch ein „Was-ich-schon-alles-kann-Heft". Weil aber ursprünglich nur eines für die Vorschulkinder vorgesehen war, war nun kein Heft mehr für Zoe vorrätig. Zoe löste das Problem für sich, indem sie auf ein paar Blätter Linien zog, sie zusammenheftete und darauf „schrieb", was *sie* schon alles kann. Leider wollte Zoe das Heft nicht aus der Hand geben, so dass wir es hier nicht dokumentieren können.

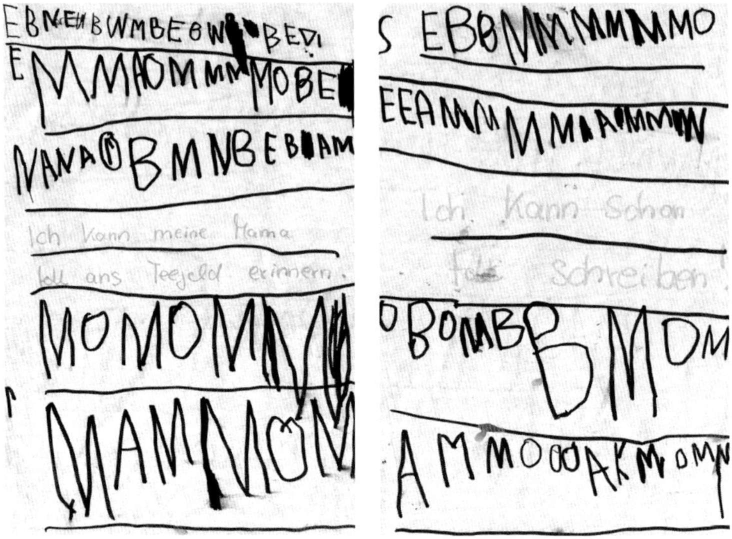

Die Erzieherin schreibt mit Erlaubnis Leons auf, was er schon kann

Schreiben wird hier als Mittel benutzt, sich der eigenen Fähigkeiten bewusst zu werden und sie für sich selbst und andere festzuhalten. Was für ein gutes Gefühl muss es für ein Kind sein, schwarz auf weiß zu lesen (oder vorgelesen zu bekommen), was es schon alles kann. Alle, Eltern, Geschwister, Erzieherinnen und Freunde, können es lesen, immer wieder. Das „Schon-Etwas-Können" bleibt und es kommt immer wieder neues Können dazu. Kinder können ihre Kompetenzen förmlich wachsen sehen, denn es werden immer mehr Seiten im Heft, die umgeblättert werden können. Und wenn das Heft voll ist, wird einfach ein neues angelegt!

„Buchstaben" sammeln und backen

Eine besondere Form, sich spielerisch der Schrift zu nähern, ist das Sammeln von Buchstaben. Hier geht es nun tatsächlich um Buchstaben, aus denen ein Wort oder ein Satz sich zusammensetzt. Die Kinder sammeln aber keine Worte oder Sätze, sondern eben die einzelnen Buchstaben.

Überall sind Kinder von Buchstaben umgeben: als Neonschrift über Geschäften oder Kinos, gedruckt auf Plakaten und

Reklametafeln, eingraviert auf Autokennzeichen, Straßen- und Verkehrsschildern, als Graffiti an Hauswänden und Zäunen. Was spricht dagegen, diese Buchstaben einmal aufzusammeln oder „abzupflücken", wie es Donata Elschenbroich nennt? Die Buchstaben werden aufgeschrieben – das machen die Kinder natürlich selbst – und nach Hause oder in den Kindergarten mitgenommen.

Mit „aufgesammelten" Buchstaben von draußen lässt sich im Kindegarten weiterarbeiten

Hier können sie begutachtet, gezählt, verglichen, wieder abgeschrieben, ausgeschnitten und in unterschiedliche Ordnungen gebracht werden – ohne Zwang, aber mit viel Spaß. Sie können in Kästchen aufgehoben werden oder auf Plakate aufgeklebt. Beiläufige Hinweise auf bekannte Buchstaben, vielleicht die aus dem eigenen Namen oder vom Lieblingstier, ermuntern Kinder, Vergleiche anzustellen über das unterschiedliche Aussehen unterschiedlicher Schriftarten. Kinder können versuchen, ihre Namen daraus zusammenzusetzen oder sie gehen erneut los, suchen ähnliche oder gerade die fehlenden. Spannend wäre natürlich auch, herauszubekommen, welche Buchstaben es in der eigenen Kita gibt. Vielleicht beginnen die Kinder auch, ihre Türen, Fenster, Stühle, Tische etc. mit den Buchstaben zu beschriften. Ich bin mir sicher, einmal begonnen, findet das Buchstabensammeln kein Ende. Man braucht ja so viele davon! Wie viele sind eigentlich in einem Buch?

Buchstaben lassen sich kneten und backen, und anschließend sogar aufessen, wenn man nicht gerade Salzteig, Knete oder Ton nimmt, sondern einen leckeren Hefe- oder Mürbeteig. Die Buchstaben, vorzugsweise die des eigenen Namens, können vor oder nach dem Backen verziert werden, mit buntem Zucker, Schokoladenstreuseln, Zuckerguss und Smarties. Sehr beliebt bei Kindern sind auch Buchstabensuppen. Ich erinnere mich, dass ich, wie die meisten Kinder, kaum zum Essen kam, wenn es diese Suppe gab, weil ich am Tellerrand zuerst die Buchstaben zu Wörtern zusammensetzen musste. Mit den Buchstaben vom „Russischen Brot" kann auch zuerst „geschrieben" werden, ehe die Kinder sie sich schmecken lassen.

Für sich selbst oder wenn Gäste in die Gruppe kommen, können die Kinder Tischkärtchen gestalten, den Namen darauf schreiben oder stempeln. Laura, die Tochter von Freunden, hatte viel Spaß an der Produktion von Tischkärtchen. Sie schrieb den Namen sowohl auf die Vorder- wie auf die Rückseite der Karten, damit nicht nur man selbst den Namen lesen konnte, sondern auch die anderen Leute, die mit am Tisch saßen. Sie meinte, man selbst wüsste ja, wie man heißt, die anderen am Tisch aber vielleicht nicht.

Tisch- und anderes Theater

Wenn sich beim Vorlesen ein Buch für mehrere Kinder als „*der* Renner" erweist, kann das Vorleseerlebnis intensiviert werden durch anschließende Aktivitäten. Eine besonders schöne und leicht umzusetzende ist das Basteln eines Tisch-Theaters. Als Textvorlage eignen sich Bilderbücher wie Wolf Erlbruchs „Vom kleinen Maulwurf, der wissen wollte, wer ihm auf den Kopf gemacht hat" oder Paul Maars „Die Maus, die hat Geburtstag heut" , deren Reiz die sich ständig wiederholenden, leicht abgewandelten Fragen (Maulwurf) und Reime (Maus) ausmachen.

Bilderbücher kann man oft gut in szenisches Spiel übertragen

Die Kinder bestimmen selbst, welche Figur des Bilderbuchs sie „übernehmen" wollen. Aus Stoff- und Wollresten, mit ein bisschen Buntpapier, Draht und anderen verfügbaren Bastelmaterialien entstehen die Figuren, die nur andeutungsweise „ähnlich" sein müssen. Wichtig ist, dass die Kinder sie selbst machen dürfen. Es kommt hier nicht auf Perfektion an. Sind die Figuren fertig, müssen vielleicht noch andere Utensilien gebastelt werden. Für den „Maulwurf" zum Beispiel werden „Häufchen" in entsprechenden Formen gebraucht, bei der „Maus" die Geburtstagsgeschenke.

Dann wird „geprobt": Die Erzieherin liest den ganzen Text und weist die Kinder in ihre jeweiligen Rollen ein. Manchmal verlangt die Rolle, dass gesprochen wird, manchmal muss nur die Figur bewegt werden. In jedem Fall erfordert das Tisch-Theater von den Kindern sehr viel Aufmerksamkeit, damit sie ihren „Einsatz" nicht verpassen. Aber die Erzieherin kann ja gleichzeitig die Souffleuse sein. Hauptsache, es macht denn Kindern Spaß. Sind die „Proben" zufriedenstellend verlaufen, kann das Tisch-Theater zur Aufführung kommen. Wer dazu eingeladen wird, entscheiden die Kinder. Hier bietet sich die Gelegenheit,

„Hast du mir auf den Kopf gemacht, Ziege?", fragte der kleine Maulwurf. „Ich, nein, wieso?", antwortete die Ziege. – Eine Szene im Tischtheater.

Einladungs- und Eintrittskarten zu schreiben. Es kann sogar, vor allem wenn Eltern eingeladen werden, ein Eintrittsgeld genommen werden. Vielleicht reichen die Einnahmen ja für einen Besuch im Eissalon oder für „Schnuggelkram" aus dem Kiosk?

Bilderbücher können auch in ein „richtiges" Theaterstück umgesetzt werden. Dafür müssen statt der Figuren Kostüme oder zumindest wichtige Attribute, wie zum Beispiel die Brille beim Maulwurf, hergestellt werden. Dann wird genauso verfahren wie oben. Auch Musik kann eingesetzt werden, wenn es passt, und die Kinder es mögen.

Computer und Schreiben

Ein paar Worte zum Thema Computer und Schreiben: Kinder arbeiten, wenn sie die Möglichkeit haben, gern am PC, auch in Schreiblern-Programmen. Deshalb sollten in Kindertagesstätten möglichst überall Computer vorhanden sein. Schon Vorschulkinder haben Spaß daran, Wörter mit den richtigen Buchstaben zu ergänzen oder einfache Texte oder Briefe auf dem PC zu schreiben, vielleicht sogar E-Mails, und das sollte ihnen keinesfalls vorenthalten werden.

Wer Kinder an Computern beobachtet, stellt bald fest, dass sie ihn als (Spiel- oder) Arbeitsmittel *benutzen*. Er erlangt keine Macht über die Kinder. Auch als Schreibgerät ist er von Kindern gefragt, keinesfalls ausschließlich, keinesfalls sogar in erster Linie. Dort, wo beides zugänglich ist: Computer und Schreibwerkstatt mit Feder und Kiel, Stift und Papier, vielleicht auch einer mechanischen Schreibmaschine, greifen die Kinder eher danach, als dass sie in die Computertasten schlagen.

Der Computer ist *ein* Schreibgerät neben anderen

Das ist auch ganz verständlich und normal. Erinnern wir uns: Kinder vollziehen jeweils für sich, jedes auf seine Weise, 4000 Jahre Schriftentwicklung nach. Die Benutzung des Computers als „Schreibmittel" steht am Ende der bisherigen Schriftgeschichte. Das Drücken einer Taste oder das Klicken mit der Maus ist also kein Ersatz für das Benutzen der *eigenen* Hand beim Erwerb der Schriftsprache: Beim Nachfühlen von Sandpapierbuchstaben, beim „Begreifen" von Holzbuchstaben mit der ganzen Hand, dem Kneten und Formen von Buchstaben aus Teig, beim Ritzen des eigenen Namens in Sand oder in Schnee, beim Schreiben mit Feder und Tinte, beim Formulieren von Geschichten – da „spricht das Gehirn mit der Hand und die Hand mit dem Gehirn" (Elschenbroich 2004).

Es ist beileibe keine „Katastrophe", wenn ein Kind schon sehr früh mit dem PC schreibt und nicht abwartet, bis er der Reihe nach „dran käme". Dennoch, grundsätzlich gilt: Die vorangehenden Entwicklungsschritte sollten nicht einfach übersprungen oder durch die Arbeit mit dem PC ersetzt werden. Gut, dass Kinder dies sowieso nicht tun, sofern sie viele Gelegenheiten bekommen, „eigenhändig" zu schreiben und die Schriftsprache mit allen Sinnen zu erleben.

Vorlesen, vorlesen, vorlesen

Zu einer Schriftumgebung gehört auf jeden Fall auch das Vorlesen. Bilderbücher sind üblicherweise der erste Kontakt von Kindern zur Schriftsprache. Hier sehen sie zum ersten Mal gedruckte Schrift sozusagen aus der Nähe und bekommen eine Ahnung davon, wie gesprochene und geschriebene Sprache zusammenhängen. Leider wird die Bedeutung des Vorlesens für die (Schrift-)Sprachentwicklung häufig unterschätzt. Vor allem Kindern im Krippenalter wird der Umgang mit Büchern zwar nicht gerade verwehrt, aber es wird auch nicht wirklich angenommen, dass auch sie vom Vorlesen schon profitieren.

Beim Vorlesen ist die lesende Person wichtig für die positive Besetzung von Büchern und Lesen durch das Kind

Donata Elschenbroich spricht in ihrem Film „Ins Schreiben hinein" von der großen Bedeutung der ersten Begegnung von Kleinkindern mit Büchern. Eindrücklich wird die emotionale Bedeutung der Triade Kind-Buch-Bezugsperson beschworen, die prägend ist für späteres Leseverhalten. Kinder erinnern sich lebenslang an das positive Grundgefühl, das sie bei der Bilderbuchbetrachtung mit einer wichtigen Bezugsperson erlebt haben. Die positiv erlebte Stimmung wirkt sich günstig auf ihr Verhältnis zu Büchern und zur Schriftsprache aus; die Wahrscheinlichkeit, dass diese Kinder einmal zu Lesern werden, ist dadurch größer.

Auch wenn sich dieses Buch vor allem an Erzieherinnen im Elementarbereich richtet, sind – zumal immer mehr Zweijährige in Kindergärten aufgenommen werden – doch einige Überlegungen zum Vorlesen für Kinder im Krippenalter von Nutzen: Natürlich können Ein- und Zweijährige noch nicht für die Dauer einer Geschichte stillsitzen oder einer ganzen Geschichte zuhören. Das gilt wahrscheinlich auch noch für manche Dreijährige, die gerade in den Kindergarten kommen. Sie brauchen eine ihrem Alter entsprechend modifizierte Form des Vorlesens, eine „Einstimmung" darauf. Das geschieht am einfachsten in Form des Anschauens von Bilderbüchern (Dazu findet sich im Anhang meine persönliche „Hitliste"), verbunden mit dem Benennen der abgebildeten Gegenstände oder Situationen, dem Erkennen von Tieren und dem Nachahmen von Tierlauten. Nach und nach wird es möglich, den dazugehörigen Text einzubeziehen, ihn zunächst gekürzt und vereinfacht nachzuerzählen und ihn irgendwann dann vollständig vorzulesen – und dann immer wieder.

Sobald Kinder freien Zugang zu Büchern haben, gehen sie damit um: Sie erforschen sie neugierig und probieren aus, was sich damit machen lässt. Auch Kinder, die von zu Hause nicht an Bücher gewöhnt sind, begreifen schnell, dass es damit etwas Besonderes auf sich hat. Bücher haben viele Seiten: Man kann sie umblättern, vor und zurück. Man kann die Bilder immer wieder aus anderen Blickwinkeln betrachten, immer wieder Neues aufspüren und Bekanntes wieder entdecken. Gut, wenn dann Erwachsene da sind, die den abgebildeten Dingen einen Namen geben, den man vielleicht bald nachsprechen kann. In der sensiblen Phase des Spracherwerbs ist das Bücher-Betrachten nachweislich eine unschätzbare Unterstützung.
Drei Beispiele aus einer altersgemischten Gruppe zeigen, wie Bücher darüber hinaus einen persönlichen Sinn für die Kinder bekommen und deshalb weit mehr sein können als lediglich ein Beschäftigungsangebot:

Elisa, eineinhalb Jahre alt, beim Anschauen eines Bilderbuchs. Gut, wenn Erwachsene in der Nähe sind, die den Dingen einen Namen geben

Elisa, 18 Monate alt, erkennt jede noch so kleine und wie auch immer dargestellte Ente in Bilderbüchern. Sie sagt „Gackgack" und küsst inbrünstig die Abbildungen. Sie freut sich sehr, wenn ihre Erzieherin ihre Begeisterung teilt und ebenfalls Entenlaute produziert und das Tier für sie benennt. Bald kann Elisa „Ente" sagen.

Paul, knapp zwei Jahre alt, liebt – außer Autos mit Anhängern – Pferde über alles. Wo immer er ein Pferd entdeckt, gerät er völlig aus dem Häuschen, zumal, wenn seine Erzieherin mit ihm um die Wette wiehert. Er erkennt Pferde auch in künstlerisch gestalteten Märchenbilderbüchern und auch dann, wenn nur das Pferde-Hinterteil aus dem Stall herausschaut. Immer wieder müht er sich, „Pferd" zu sagen, noch ein sehr schweres Wort für ihn.

Auch sehr kleine Kinder setzen sich schon mit Büchern auseinander

Ricarda, 17 Monate alt, spricht im Alltag fast nichts. Doch wenn sie ein Bilderbuch anschaut, sprudeln die Wörter nur so aus ihr heraus. Als sie zu Weihnachten von der Gruppe ein Buch geschenkt bekommt, fährt sie es tagelang im Buggy spazieren. Immer wieder zeigt sie glücklich darauf und sagt „Buch", immer wieder wird es herausgeholt, um es anzuschauen und davon zu erzählen.

Kinder, die mit drei Jahren in den Kindergarten kommen und noch keine Erfahrungen mit Bilderbüchern machen konnten, entweder weil die Eltern glauben, dass die Kinder noch zu klein sind oder im Umgang mit Büchern ungeübt sind, brauchen manchmal besondere Anregungen, um ihr Interesse für Bücher zu wecken. Für sie stehen vielleicht beim Vorlesen zunächst andere Dinge im Vordergrund als die Geschichte. Das sollte immer mitbedacht werden: Zum Beispiel das Ankuscheln, das Gerangel um den „besten" Platz, nämlich den auf dem Schoß der Erzieherin, die ungeteilte Aufmerksamkeit eines Erwachsenen, die gemütliche Leseecke. Vorlesen im Rahmen von „Kuschel-Partys", wo Kerzenlicht und Kekse eine besondere Stimmung erzeugen, fördern auf ganz eigene Art das aufmerksame Zuhören. Vor allem aber führen sie zu eben der positiven emotionalen Erfahrung, von der Donata Elschenbroich spricht. Die Verbindung von emotionaler Geborgenheit und frühen (Vor-) Leseerfahrungen sind elementar für den späteren Zugang zur

In einer Kita-Gruppe sollte immer eine Auswahl von Büchern vorhanden sein, so dass sich die Kinder zum Anscheuen und Vorlesen „ihr“ Buch aussuchen können

Schriftkultur! Bildung, und damit auch Sprach-, Schrift- und Lesekompetenz, erwirbt der Mensch nicht als neutrale, distanzierte Aneignung von purem Wissen oder Können, sondern immer nur im Kontext *persönlicher* Erfahrungen. Kinder müssen deshalb von Beginn an viele Gelegenheiten haben, eine eigene, aber vor allem emotionale Beziehung zu Büchern und zur Schrift herzustellen.

Ganz entscheidend für den Erfolg des Vorlesens ist deshalb, dass Kinder selbst „ihr“ Buch finden können. Im Gruppenraum sollte deshalb eine Auswahl interessanter Bilder- und Vorlesebücher frei zugänglich sein (Bibliotheken stellen gerne Bücherkisten für den Gebrauch in der Gruppe zu besonderen Ausleihbedingungen zur Verfügung). Auch bei Bibliotheksbesuchen sollten die Kinder selbst bestimmen dürfen, welches Buch sie ausleihen wollen. Kinder wissen selbst am besten, welches Buch im Moment zu ihnen passt. Auch wenn Erwachsene glauben, dass ein Kind für ein bestimmtes Buch noch zu klein ist, sollten sie sich mit „Zensur“ zurückhalten und dem Kind vertrauen.

Bücher, die nicht „passen“, werden ganz von selbst zur Seite gelegt, natürlich ohne dass Erwachsene das dann besserwisserisch kommentieren müssen, etwa: „Ich habe doch gleich, gesagt, dass du dafür noch zu klein bist.“ Wissen wir selbst denn immer genau, welches Buch uns gefallen wird, *bevor* wir es uns angesehen haben? Viel hilfreicher ist es, sich dafür zu interessieren, was ein Kind an einem bestimmten Buch so fasziniert, dass es immer wieder danach greift und es vorgelesen bekommen will. Das können eben Pferde sein oder Autos, oder schön verschnörkelte Buchstaben oder einfach auch nur der Geruch des Buches oder das Gefühl, wenn man es anfasst. Nicht immer steht der Inhalt im Mittelpunkt des Interesses, selten bei jüngeren Kindern die ganze Geschichte. Auf solcherart Interessen an einem Buch einzugehen, kann der Anfang eines wertvollen Dialogs sein.

Vorlesen als Dialog

Dazu ein Beispiel aus der Schlümpfegruppe, der Gruppe mit großer Altersmischung, in der ich jahrelang gearbeitet habe, das zeigt, dass eine „Bilderbuchbetrachtung" ein idealer Ausgangspunkt für den Dialog mit einem Kind sein kann. Gerade weil beim gemeinsamen Betrachten oder Vorlesen eines Buches eine intime Atmosphäre entsteht, kann sich ein Kind leichter öffnen und eher etwas über sich und seine Gefühle mitteilen als das vielleicht sonst im Gruppenalltag möglich ist:

Vorlesen kann zu einem vertieften Dialog mit dem Kind führen

Christopher, fünf Jahre alt, hat infolge sensorischer Integrationsstörungen Schwierigkeiten, sich anderen Kindern adäquat mitzuteilen. Er ist oft sehr grob im direkten Umgang mit anderen und seine Sprache ist nicht altersgemäß entwickelt. Deshalb wird er oft von Spielen ausgeschlossen. Klar, dass er darunter leidet. Er wünscht sich nichts sehnlicher als einen Freund. In dieser Phase ist das Bilderbuch von Anthony Browne „Willi und Hugo" für ihn von großer Bedeutung. Denn der kleine schwache Schimpanse Willi wird von den großen Affen, Gorillas und Orang-Utans ebenso ausgeschlossen wie Christopher von den Kindern in seiner Gruppe. Immer wieder will er das Buch vorgelesen bekommen, in dem Willi eines Tages auf den Gorilla Hugo trifft, der ihn wider Erwarten akzeptiert, wie er ist, und der ihm beisteht, wenn er von anderen bedroht wird. Immer wieder vergewissert sich Christopher bei mir, dass Willi und Hugo wirklich Freunde sind, obwohl doch „der Hugo viel stärker ist als der Willi"... Christopher selbst ist körperlich sehr stark und hat deshalb oft Probleme mit anderen.

Beide Figuren bieten ihm Identifikationsmöglichkeiten: Hugo ist stark wie er, Willi ist ausgegrenzt wie er. Hugo beschützt Willi, aber eines Tages kann Willi seinen großen Freund sogar aus einer sehr bedrohlichen Situation retten: Hugo hat nämlich panische Angst vor Spinnen, Willi aber nicht. Das Gute an diesem Bilderbuch: Es gibt keine starre Rollenzuteilung – niemand ist nur stark oder schwach! Willi und Hugo werden wirkliche Freunde, die sich gerade wegen ihrer Unterschiedlichkeit aufeinander verlassen können. Eine sehr tröstliche Geschichte für Christopher! Im Anschluss an das Vorlesen, das sich mindestens dreimal wiederholen muss, meistens will er die Geschichte noch öfter hören, folgt fast immer ein „Austausch": Christopher fragt dann: „Gell, der Hugo ist jetzt der Freund vom Willi?" Ich bestätige das, indem ich noch mal die letzten Sätze vorlese: ‚*„Wollen wir uns morgen wiedersehen?", fragte Hugo? „Ja, das wäre toll", sagte Willi. – Und das war es wirklich.*' Auf dem letzten Bild des Buches stehen sich der kleine Willi und der fast doppelt so große Hugo mit ausgebreiteten Armen gegenüber und freuen sich sichtlich aufeinander. „Aber der Hugo ist viel stärker ..." „Ja, der Hugo ist viel stärker und er mag den Willi, er kann viel mit ihm unternehmen, zum Beispiel in den Zoo oder in die Bibliothek gehen, das kann er mit den anderen starken Affen nicht. Willi und Hugo haben viel Spaß miteinander." „Und der Willi hat dem Hugo auch geholfen ..." „Genau, obwohl der Willi so klein ist, war er ganz mutig, als der Hugo Angst gehabt hat."

Bücher spiegeln innere Gefühlslagen und bieten Bearbeitungsmöglichkeiten

So sehr Christopher im Alltag seine raue Seite zeigt, so sehr wird beim Bilderbuchanschauen seine verletzliche Seite, seine Sehnsucht nach Freundschaft und Anerkennung, erkennbar. In solchen „weichen" Momenten gelingt es ihm, etwas über seine Gefühle mitzuteilen. Nur da ist er bereit, seine Trauer darüber zu zeigen, dass er seinen Papa nicht sehen darf, dass der Manuel sich wieder über seine Sprache lustig gemacht hat und die Clara ihn nicht hat mitspielen lassen. Die „Bilderbuch-Situation" ermöglicht es ihm, seine Verletzlichkeit zu zeigen – ohne Angst, deshalb wieder ausgegrenzt zu werden. Sie gibt ihm Gelegenheit, etwas über sich mitzuteilen, Worte für seine Gefühle zu finden. Ich frage ihn danach: „Hast du dich sehr über den Manuel geärgert?" oder „Bist du sauer auf die Clara?" Ich frage ihn später auch, ob er den Kindern vielleicht das sagen möchte, was er mir erzählt hat, „... damit sie wissen, dass du dich über sie geärgert hast oder sauer bist." Manchmal bittet er mich, es den Kindern stellvertretend zu sagen, manchmal ist es genug, wenn ich sozusagen die Einleitung für ihn übernehme: „Clara, der Christopher möchte dir etwas sagen." Die Resonanz, die Christopher im Gespräch über die Geschichte erfährt, die Gelegenheit, seine Gefühle ohne Angst vor Kommentaren mitteilen zu können, ermöglicht es ihm, handelnd sein Problem der Ausgrenzung anzugehen. Bald braucht er mich nicht mehr als „Vermittlerin". Auch dieses Beispiel weist auf die Bedeutung der Triade Kind-Buch-Erzieherin hin. Ohne das Buch käme der Dialog in dieser Intensität nicht zustande.

Bücher und Vorlesen eröffnen ganz neue Welten

Fast immer entsteht beim Vorlesen und Buchanschauen von selbst eine „verdichtete" Atmosphäre, die Kinder sensibel macht für die Aufnahme „neuer Welten": Der Text eröffnet den Zugang zur literarischen Sprache; fremde, geheimnisvolle Wörter machen neugierig auf den Fortgang der Geschichte, Bilder regen zum Selbst-Erzählen an. Die Kinder können neue, interessante Wörter nachsprechen, ihren aktiven und passiven Wortschatz erweitern. Sie lernen den Unterschied zwischen Umgangssprache und Literatursprache kennen. Sie erkennen auch, dass die Zeichen im Buch etwas mit den gesprochenen Wörtern zu tun haben, vor allem, wenn sie „mitlesen" dürfen, indem sie (manchmal) mit dem Finger die Zeile verfolgen, die gerade vorgelesen wird. Sie erleben ganz nebenbei die Bedeutung und die „Macht der Schrift": Immer wieder steht im Buch das Gleiche! Es kann nicht verloren gehen. Sprechen, lesen und Schrift werden als zusammengehörig erlebt: Ohne die Fähigkeit zu lesen, können die (noch) magischen Zeichen nicht entschlüsselt werden. Ohne Sprache kann man sie nicht aussprechen und mitteilen, ohne Schriftzeichen, gäbe es keine immer gleichen lesbaren Geschichten.

Weil sie ins Wiederholen verliebt sind, lernen die Kinder mit der Zeit, wie eine Geschichte, ein Gedicht oder ein Märchen aufgebaut sind und dass es dafür jeweils eine eigene Sprache gibt. Beim gemeinsamen „Lesen" von Bilderbüchern erfahren Kinder auch ansonsten vieles über Schrift und Buchkultur, z. B. dass es einen Autor, einen Buchtitel, einen Buchumschlag gibt, dass man ein Buch (normalerweise) von der ersten bis zur letz-

So oft wie möglich vorlesen und Bücher ansehen ist die wichtigste Grundlage für die Anbahnung früher Schrifterfahrungen.

ten Seite blättert und auf der einzelnen Seite (bei lateinischer Schrift) von oben nach unten liest und von links nach rechts. Neben den Bildern gibt es auch einen Text, der manchmal *andere* Informationen enthält als die Bilder. Im Text lassen sich einzelne Buchstaben, Wörter, dann Sätze erkennen und irgendwann auch die Satzzeichen.

Und nicht zuletzt macht es ihnen großen Spaß, mit den Lieblingswörtern zu spielen, passende Reime zu finden oder noch nie dagewesene Wörter zu erfinden. Hier entstehen also die ersten Ansätze von *Literacy*.

Es braucht nicht viel, um vorlesen zu können. Schön wäre eine gemütliche Kuschelecke, doch genügt oft auch ein freier Platz auf dem Fußboden, auf der Wiese oder wo auch immer. Die Kinder in meiner ehemaligen Gruppe saßen am liebsten auf unserem kleinen schwarzen Sofa. Viel wichtiger als der Ort sind jedoch die Erwachsenen, die sich voll und ganz auf das gemeinsame Lese-Erlebnis einlassen. Das geht auch „mitten im Gewühl", wenn es Regeln für die anderen gibt und vor allem die Erzieherin die Ruhe bewahrt.

Das Vorlesen muss auch nicht besonders gestaltet sein, man braucht dafür keine Schauspielerausbildung. Aber man sollte schon mit Spaß bei der Sache sein, denn Kinder merken sofort, wenn man etwas nur als „Pflichtübung" oder ständig auf der Hut vor Unterbrechungen angeht.

In manchen Einrichtungen übernehmen auch Großeltern oder so genannte Vorlese-Paten ehrenamtlich das Vorlesen. Immer wieder sind auch Kinder dabei zu beobachten, wie sie sich selbst, aber auch anderen Kindern „vorlesen", obwohl sie noch gar nicht lesen können. Auch das Lesen erscheint ihnen wie das Schreiben als eine nachahmenswerte Tätigkeit, die auf keinen Fall mit einem Kommentar wie „Du kannst ja noch gar nicht lesen" abgetan, sondern vielmehr mit interessiertem Nachfragen begegnet werden sollte.

Schreibecken und Schreibwerkstätten

Wenn Schrift im Alltag genutzt werden soll, müssen die dafür notwendigen Materialien jederzeit frei zugänglich sein. Was nutzt der schönste Schreibanlass, wenn erst das Papier aus einem verschlossenen Schrank geholt werden und ein funktionierender Stift gesucht werden muss. Alle Erzieherinnen, die in ihrer Gruppe eine Schreibecke eingerichtet haben, machen die gleiche Erfahrung: Sobald Schreibmaterialien vorhanden sind und vielleicht auch noch ansprechend präsentiert werden, werden sie auch genutzt. Dasselbe gilt für die Schreibwerkstatt, die ich in der Stadtteilbibliothek, also für fremde und damit noch nicht vertraute Kinder, eingerichtet habe: Wann immer Kinder auf sie aufmerksam werden, wollen sie mit den Stiften und Federn schreiben, auch schon Zwei- und Dreijährige.

Eine ansprechend präsentierte Schreibwerkstatt hat Aufforderungscharakter

Wie sollte eine Schreibecke aussehen und was sollte alles vorhanden sein? Dafür gibt es keine verbindlichen Vorgaben. Das wichtigste ist der Schreib-Tisch, an dem Platz ist für mehrere Kinder ist. Dort sollten sich mindestens befinden: unterschiedliches Schreibpapier in verschiedenen Farben und verschiedenen Größen, Briefumschläge (unbedingt), Stifte, die klar als Schreibstifte erkennbar sind, also keine Buntstifte und Wachsmalstifte, sondern Kugelschreiber und Bleistifte. Das ist die Grundausstattung.

Gut ist es, wenn man eine Schreibmaschine hat, möglichst eine elektrische. Darüber hinaus können nach und nach Stifte angeschafft werden, die besonders gestaltet sind. Von tollen, das Schreiben anregenden Stiften gibt es inzwischen eine ganze Palette. Manche Erzieherinnen gestalten Stifte zusammen mit den Kindern auch selbst. Großen Anklang finden Vogelfedern aller Art, ob es nun echte, angespitzte Gänsefedern sind oder bunt gefärbte Federn aus dem Bastelladen, Pfauenfedern oder Taubenfedern vom letzten Spaziergang, gereinigt und getrocknet – mit allen lässt sich wunderbar schreiben. Die Tinte dafür kann man kaufen oder selbst machen, aus schwarzem Tee, Rote-Bete- oder Johannisbeersaft. Um die Tintengläser am Umkippen zu hindern, empfiehlt es sich, sie in passenden Kästchen an ihrer Unterseite mit doppelseitigem Klebeband zu sichern. Geeignet sind etwa Plastikkästchen für Wattestäbchen.

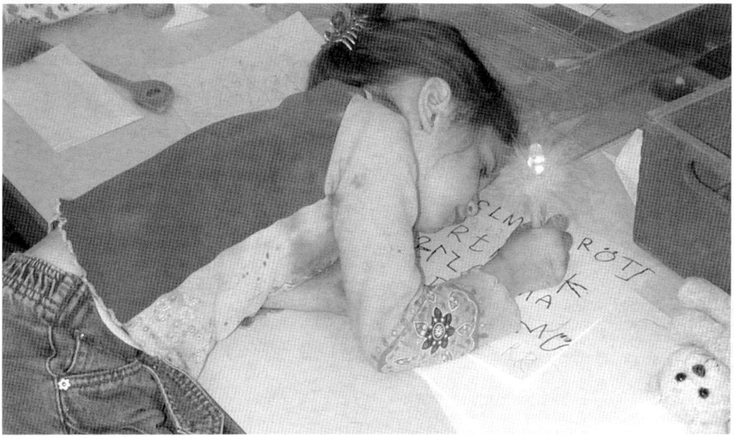

Jessica, fünf, schreibt mit einem Stift, der beim Schreiben aufleuchtet

… und Elena, ebenfalls fünf, mit einer Pfauenfeder

Leon-Pascal, noch nicht ganz vier, hat den Stempelkasten entdeckt.

Kinder, die noch nicht so gut mit dem Stift umgehen können, haben vielleicht Spaß am Stempeln von Buchstaben. Empfehlenswert ist ein Stempelkasten, der nach dem LEGO-Prinzip funktioniert, bei dem die Buchstaben eines Wortes zusammengesteckt werden können. Leider sind diese sehr teuer. Doch gibt es auch da inzwischen viel Auswahl.

Eine Anlauttabelle ist in einer Schreibwerkstatt unerlässlich

Unerlässlich ist eine Anlauttabelle, die sowohl in Großformat an der Wand über der Schreibecke hängen, aber auch in DIN A4-Format immer griffbereit sein sollte. Ich benutze mit viel Erfolg die Anlauttabelle der „Regenbogen-Lesekiste" (Die Bestelladresse finden Sie in der Materialliste). Anlauttabellen sind eine sehr schöne Möglichkeit für Kinder, selbst den Anfangsbuchstaben beispielsweise ihres Namens herauszufinden, indem sie die Namen der dargestellten Tiere (oder Gegenstände) aussprechen und den ersten Laut, den „Anlaut" mit dem „Anlaut" ihres Namens vergleichen. Sie können sich mit einem Blick auf die Tabelle immer wieder vergewissern, wie einzelne Buchstaben geschrieben werden und wie sie lauten. Dabei wird berücksichtigt, dass manche Laute, zum Beispiel „AU" und „SCH" aus zwei oder drei Buchstaben zusammengesetzt sind. Schon Dreijährige können mit der Anlauttabelle umgehen. Luise, knapp drei beispielsweise, weiß in kürzester Zeit, dass ihr Name mit „L" wie der Löwe anfängt, dass sich ihre Mutter Ulrike „vorne" gleich anhört wie die Uroma, und beides wie der Uhu, und dass der Papa Stefan beginnt wie der Star. Sie erklärt ihrer Mutter: „Die Helke macht immer zwei „I" und einen Strich dazwischen. Und Huhn (auf der Anlauttabelle) ist genauso wie Helke."

Jürgen Reichen, einst Lehrer, jetzt Dozent für Grundschulpädagogik, hatte die Idee zu einer Anlauttabelle. Er entwickelte die „Lesen-durch-Schreiben-Methode", bei der die Benutzung der Anlauttabelle im Anfangsunterricht eine zentrale Rolle spielt (vgl. Reichen 2001). Die Kinder lernen schreiben, indem sie sich mit Hilfe der Anlauttabelle jeden Tag selbstständig fünf Wörter erarbeiten. Welche das sind, bleibt ihrer eigenen Entscheidung überlassen. Durch die tägliche Arbeit mit der Anlauttabelle lernen die Kinder bald alle Buchstaben zu gebrauchen. Sie entwickeln eine Vorstellung davon, was ein Wort, was ein Satz ist. Sie schreiben mit ihren eigenen Wörtern kleine Geschichten – und weil sie dafür immer neue Wörter brau-

Martin, fünf, arbeitet ganz selbstständig mit der Regenbogen-Anlauttabelle. Durch Vergleichen findet er die Buchstaben, die er für das Schreiben auf der Schreibmaschine braucht. Er muss nicht jedes Mal einen „Schriftkundigen" bitten, ihm die richtigen Buchstaben zu zeigen.

chen, werden sie angeregt, sich auch die zu erarbeiten. Ganz nebenbei lernen sie das Lesen und nach und nach auch die orthografisch korrekte Schreibweise ihrer Wörter. Anlauttabellen unterschiedlichster Formen sind inzwischen in den Grundschulen verbreitet, so dass Kinder, die sie schon im Kindergarten zu gebrauchen lernten, bei der Einschulung an etwas Bekanntes anknüpfen können.

Eine Schreibecke kann nach und nach wachsen. Es können immer wieder neue Materialien dazu kommen: Spiegel, um Spiegelschrift zu üben, Quittungs- und Notizblocks, Schreibhefte, Stahlfedern, Bambus- und Rohrfedern, Marker, eine Schiefertafel mit Griffel, Post-it-Blöcke, Ansichts- und Grußkarten sowie Wachs- und Tontäfelchen, wie sie in der Antike benutzt wurden und die man leicht selbst herstellen kann (vgl. Tenta 2002). In einer Berliner Lernwerkstatt bekommen Kinder auch einen Eindruck von Schriften aus anderen Kulturen. Hier hängen z. B. Schriftfahnen mit chinesischen oder arabischen Schriftzeichen. Manche Kinder hantieren auch gern mit großen Holzbuchstaben, sie schreiben ihren Namen damit, erfinden Spiele wie „Turm-Buchstaben", also aufgestapelte gleiche Buchstaben. Oder mit „fühlbaren" Buchstaben, wie sie ursprünglich Maria Montessori aus Sandpapier entwickelt hat. Dazu vielleicht noch ein Alphabet in Blindenschrift.

Schon kleine Kinder benutzen gern den „Schreibautomat" (s. Materialliste): Das sind zwei Stempelsätze, die miteinander korrespondieren. Der eine Satz besteht aus Stempeln mit Tieren, die Stempel selbst sind aber mit deren Anlauten beschriftet, beim anderen Satz ist es umgekehrt. Wenn die Kinder mit den „Tier-Stempeln" arbeiten, sind sie zunächst verwundert, dass da ein „Buchstabe" auf dem Blatt erscheint und nicht das Tier. Bald merken sie, dass es einen Zusammenhang gibt zwischen Tier und Buchstabe, vor allem, wenn sie auch den anderen Stempelsatz benutzen. Dazu gibt es die entsprechende Anlauttabelle – und schon sind die Kinder beim Vergleichen, Vermuten, Wiedererkennen ...

Alles dient dazu, den Kindern vielfältigste Erfahrungen mit Buchstaben zu ermöglichen.

Falls sich im Gruppenraum partout kein Platz für eine Schreibecke findet, könnte sich eine Einrichtung auch für eine zentrale Schreibecke in Form einer Schreibwerkstatt oder eines Schreibateliers entscheiden. Hier ist dann vielleicht sogar Platz

Mathias, fünf, ist ganz versunken in seine Schreibtätigkeit in der Schreibwerkstatt der Stadtteilbibliothek Mainz-Kastel. Immer erleben wir während der Schreibwerkstatt eine entspannte, anregende Atmosphäre: Die meisten Kinder sind ganz „bei sich", wenn sie schreiben – konzentriert, ruhig, ausgeglichen. Selten gibt es daher „Unfälle", wie etwa umgefallene Tintengläser oder abgebrochene Federkiele.

Amira, fünf, kann schon gut mit der „Freinet-Druckerei" umgehen, nachdem sie viermal in Begleitung einer Erzieherin ausprobieren konnte, wie die Druckerei funktioniert. Danach kann sie die Werkstatt allein benutzen und darf sogar jemanden einladen, der noch nicht weiß, wie man mit der Druckerei umgeht. Amira kann ihm zeigen, was sie schon alles kann.

für eine richtige Freinet-Druckerei (s. Materialliste) und einen Computer mit Schreibprogramm. Wenn sich eine Einrichtung für den Kauf einer Freinet-Druckerei entscheidet, sollte diese in der Nähe eines Wasseranschlusses aufgestellt werden, und der Raum sollte einen strapazierfähigen Fußboden aufweisen. Um kompetent mit den „Werkzeugen" umgehen zu können, brauchen Kinder zunächst Gelegenheit, sich in Anwesenheit von Erwachsenen (oder älteren Kindern) damit vertraut zu machen. In manchen Einrichtungen machen Kinder „Diplome", die sie zur selbstständigen Benutzung von Werkstätten berechtigen. In jedem Fall muss den Kindern klar sein, worauf sie sich einlassen, wenn sie zum Beispiel die Freinet-Druckerei benutzen, etwa: welche Arbeitsschritte für das Drucken nötig sind, dass die Buchstaben nach der Benutzung gereinigt und wieder in den Setzkasten eingeordnet werden müssen, dass sie spiegelverkehrt gegossen und eingeordnet sind, dass die Farbe nur schwer wieder aus der Kleidung herausgeht usw. Entsprechende Regeln gelten auch für die Benutzung des Computers.

Ganz wichtig fürs Gelingen ist es also, dass der Zugang zum Atelier geregelt wird und ein Erwachsenener dafür verantwortlich ist. Auch die Zugänglichkeit der Materialien muss gewährleistet sein. Es ist zum Beispiel völlig in Ordnung, wenn Schreibutensilien wie Glasfedern oder teure Stifte oder besonders wertvolles Papier in einem verschließbaren Schrank (möglichst mit Glastür) aufbewahrt werden und nur auf Anfrage herausgegeben werden.

Wenn es keinen geeigneten Raum gibt, hilft die mobile Lösung

Vielleicht ist eine „mobile" Schreibwerkstatt die Lösung, wenn es keinen geeigneten Raum gibt, so wie etwa in der Wiesbadener Zentralbibliothek. Hier muss aufgrund der räumlichen Bedingungen ein fahrbarer Materialwagen ein „stationäres" Schreibatelier ersetzen. Er wird dahin gerollt, wo er gebraucht wird. Es ist fast alles darin untergebracht, was ein „Schreibatelier" ausmacht – und einen „Schreib"-Tisch mit passenden Stühlen gibt es eigentlich überall. Der Tisch muss noch mit einer Plastikfolie geschützt werden – dann steht dem Experimentieren mit Tinte und Stempelfarbe nichts mehr im Weg. Wenn das „Schreibstündchen" um ist, wird der Wagen gesichert, damit keine der wertvollen Materialien, vor allem die Stempel und Stifte, verlorengehen.

In der Schreibwerkstatt können weitergehende Schreibangebote für ältere Kinder gemacht werden. Es kann eine Mischung aus von Erwachsenen betreuten Angeboten *und* attraktivem Material sein, das per se und ohne besonderes Angebot zum Schreiben einlädt (wie oben beschrieben). Hier können Lesespiele gespielt werden, wie das weiter unten genauer beschriebene „Gezinkte Memory" oder Schreibspiele wie die bekannten „Falt-Knick-Geschichten" (Viele Anregungen bieten Böseke 1999; Die Musenkussmaschine 1992; Portmann 1997). Eine „Rätselkiste" mit diversen Kreuzwort- und anderen Wörter-Rätseln leistet ebenfalls gute Dienste. Die Rätsel finden sich in Kinderzeitschriften oder -beilagen oder Büchern (z. B. von Paul Maar) und können kopiert werden. Ich habe die Kopien wie einen Abreißblock mit Fixogum am oberen Rand eines Kartons geklebt, so dass sich die Blätter leicht abnehmen lassen und trotzdem Ordnung in der Kiste herrscht. Kinder können damit besser umgehen als mit einem Ordner, außerdem ist eine Rätsel-Kiste doch irgendwie geheimnisvoller und aufregender …

Kinder mit etwas Schreiberfahrung können Geschichten schreiben, sie der Freinet-Druckerei drucken oder mit dem Computer gestalten. Um Geschichten zu schreiben, braucht es (manchmal) eine vorsichtige Anregung: „Beschreib doch mal dein Lieblingstier! Oder deinen Lieblingsplatz! Oder: Wenn du einen Tag lang Königin wärst, was würdest du tun?" usw. Auch aus dem ganz normalen Alltag heraus ergeben sich ganz bestimmt immer wieder Dinge, die aufschreibenswert sind: lustige Erlebnisse beim Essen, witzige Aussprüche oder „Worterfindungen" – aus allem können kleine Geschichten entstehen und zu Büchern gebunden werden. Für die Umschläge kann Papier marmoriert oder mit Stempeln bedruckt werden. Sogar das Schreibpapier kann man selbst machen: Eine zeitaufwändige, aber sehr befriedigende Tätigkeit ist das Papierschöpfen (vgl. Tenta, 2002; Sukopp 1996; Goos/Matthey 1992). Aus kleingerissenem Altpapier entsteht unter Zugabe von Wasser und Kleister durch Mixen mit dem „Zauberstab" oder Pürieraufsatz des Handmixers ein Papierbrei, aus dem sich mit Hilfe von Schöpfrahmen neues Papier herstellen lässt. Die Kinder können „ihr" Papier mit Farbe, Gräsern und „Wasserzeichen" individuell gestalten. Sobald es getrocknet ist, lässt sich natürlich auch darauf schreiben – daraus können Bücher entstehen, die von Anfang bis Ende selbstgemacht sind.

Die Schreibwerkstatt kann Geheimnisse enthüllen – vom Papierschöpfen bis zu den ägyptischen Hieroglyphen

Plakate mit Schriften anderer Kulturen könnten anregen zu Aktionen wie: „Schreiben wie die alten Ägypter – Hieroglyphen auf Wachstäfelchen oder Tonplatten ritzen" oder eine Schriftrolle mit hebräischen Buchstaben beschreiben oder mit Pinsel und Tusche chinesische Schriftzeichen üben (vgl. Tenta 2002).

In der Schreibwerkstatt finden schreibmüde Hortkinder vielleicht wieder Spaß an der Schrift. Sie können hier ohne Angst vor Bewertung erste Liebesbriefe schreiben, Einladungen für Geburtstagsfeiern oder Visitenkarten drucken oder sich in Kalligraphie üben. „Fundsachen", also liegengebliebene Schriftstücke aus der Schreibwerkstatt, belegen, dass die Kinder Beziehungskrisen mit der Freundin schriftlich zu klären versuchen oder sich die Trauer um die Großmutter von der Seele schreiben. Die Schreibwerkstatt schein ein Ort zu sein, wo die Kinder, vielleicht eher als im Gruppenraum, über das Beschäftigen mit der Schrift ihre Gefühle ausleben können – sofern sie nicht von Erwachsenen kommentiert werden.

Kinder lieben alles Geheimnisvolle. Wenn Geheimcodes und die Mittel für unsichtbare Schrift bereitstehen, entstehen Geheimbotschaften an die beste Freundin oder den besten Freund fast von selbst. Geheime Botschaften lassen sich gut mit Hilfe eines Holz- oder Wattestäbchens mit Zitronensaft oder Milch schreiben. Die Schrift trocknen lassen, dann verschwindet sie. Wenn man sie wieder lesen will, muss man das Blatt auf die Heizung legen oder mit dem Bügeleisen darüber gehen, bis die Schrift wieder erscheint. Man kann die Botschaft auch vorsichtig in ein nasses Papier ritzen und ebenfalls trocknen lassen. Die Botschaft wird wieder sichtbar, wenn man das Papier kurz in Wasser legt und gegen das Licht hält.

Sogar der Wald kann zum „Schreibatelier" werden, wie Ines Langbecker von ihrer Waldkindergartengruppe berichtet: „Draußen gibt es viele Materialien, die sich zum Schreiben eignen. Mit Stöcken als Stift geht es zu jeder Jahreszeit, sogar im Schnee. Im Frühling gibt es Unmengen an Haselkätzchen, Pappelkätzchen, Birkenkätzchen, Erlenkätzchen ..., die gut formbar sind zu Figuren, Formen, Buchstaben, Zahlen ..."

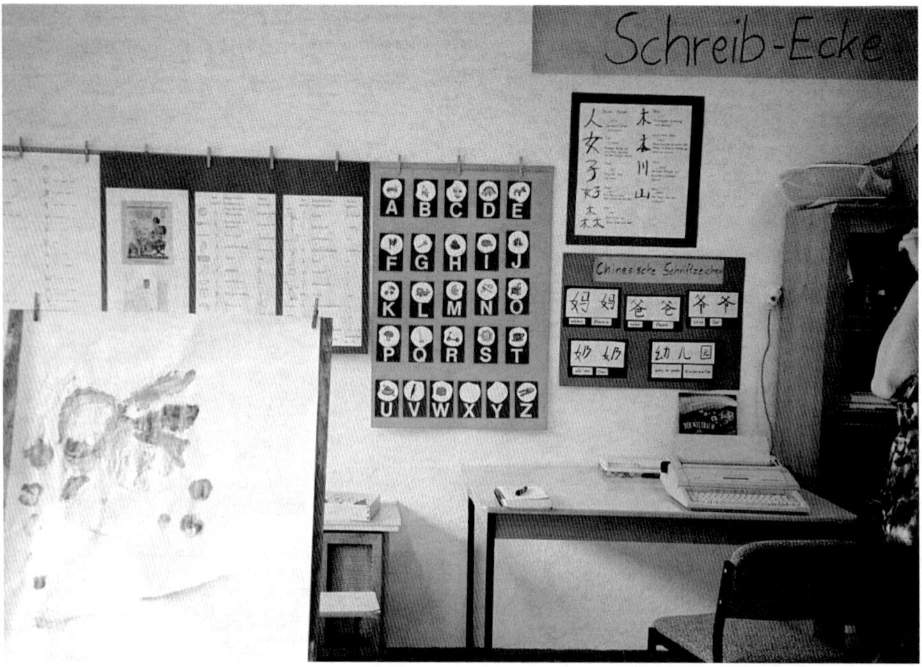

Lernwerkstatt in Berlin-Hohenschönhausen: Anlauttabelle und Plakate mit chinesischer Schrift.

Materialliste Schreibwerkstatt

- Papiere jeder Art, jeder Größe und jeder Farbe
- Stifte jeder Art, am besten überall nach „schönen" Stiften suchen (nicht ganz billig, aber unbedingt wichtig!)
- Schreibmaschinen
- Locher
- Hefter
- Scheren
- Kleber
- Briefumschläge jeder Art, auch Luftpostpapier
- Federkiele (Gänse-, Straußen-, Pfauenfedern, Federn aus dem Bastelladen oder beim Spaziergang aufgelesen)
- Tinten jeder Art und Farbe
- Bambus- und Rohrfedern jeder Art und Breite (gibt es im Bastelladen)
- Stempeldruckereien, möglichst große Stempelkissen
- Buchstaben-Automat: 115 Buchstaben- und Tierstempel (Verlag Pädagogische Medien)
- PC mit Drucker und Schreibprogramm, ideal mit E-Mail-Zugang
- Freinet-Druckerei mit großen Lettern (ca. 450,– Euro) mit Rollen, Farben, Setzrahmen, Rollblech usw.
- Trockenregal für Gedrucktes
- Lese- und Schreibspiele, wie etwa „Erstes Lesen", oder selbstgestaltete „Gezinkte Memories" (auf der Rückseite der Bildkarten steht der Begriff gedruckt oder handgeschrieben)
- „Quatsch-Tiere"; Legespiel für 4 x 14 Begriffe (VPM)
- Rätsel-Kiste mit Kreuzwort- und anderen Sprachrätseln
- Papiertücher zum Abwischen der Federn, wenn es kein Wasser in der Nähe gibt
- Wer ist Walli? (ein Spiel mit vielen Variationen) (Kallmeyersche Verlagsbuchhandlung)
- „Türchen-Spiel" (Holzrahmen mit Buchstabenblättern und 12 „Türchen")*
- „Wörterrolle" mit Anlauttabelle (Spectra-Verlag)
- Material für Geheimschriften: Geheimcodes, Watte- oder Holzstäbchen, Zitronensaft, Milch, eventuell ein Bügeleisen oder Föhn
- Kittel oder alte Hemden

Eine eigene Bücherei

Nicht alle haben in erreichbarer Nähe eine Stadtbibliothek, in der die Kinder ohne großen zeitlichen Aufwand Bücher ausleihen können. Da wäre es schön, wenn sich ein Team dazu entschließen könnte, eine eigene Bücherei einzurichten: am besten klein und kuschelig.
Schon für Dreijährige ist das Kennenlernen und Benutzen einer Bücherei interessant. Eine Büchersammlung mit viel mehr Büchern als der zwangsläufig beschränkte Bestand einer einzelnen Gruppe bietet mehr Chancen, das passende Buch zu finden. Auch Kindern macht es Spaß, in Büchern herumzustöbern und dabei nicht immer wieder auf die selben zu stoßen. Bei der Einrichtung einer Bücherei sollte unbedingt beachtet werden, dass die Bücher für die Kinder auch wirklich attraktiv sind. Es sollten also keine abgenutzten oder unzeitgemäßen Bücher angeboten werden, auch wenn der Kindergarten sie vielleicht von wohlmeinenden Eltern geschenkt bekommen hat. Wer sich

Thara und Sandra, beide sechs, haben es sich in der Bücherei gemütlich gemacht.

Eines der Auswahlverzeichnisse des Arbeitskreises für Jugendliteratur

unsicher ist, welche Bücher sich eignen, kann sich entweder von der nächsten Bibliothek oder von einer guten Buchhandlung beraten lassen. Auch gibt es kommentierte Auswahllisten, herausgegeben vom Arbeitskreis für Jugendliteratur (s. Literaturliste). Diese Listen enthalten zudem noch Vorschläge, in welcher Form am besten mit den Büchern nach dem Vorlesen weitergearbeitet werden kann. In vielen modernen Antiquariaten gibt es qualitativ hochwertige Bilderbücher und Kindersachbücher zu stark reduzierten Preisen.

Häufig entspricht der Bestand an Büchern in Kindertagesstätten nicht den muttersprachlichen oder mehrsprachigen „Herkünften" der Kinder. In Einrichtungen mit multikulturellem Klientel erfahren die Kinder dann eine einseitige Repräsentation der deutschen Sprache. Dabei gibt es bei uns ein gar nicht so kleines Angebot an fremdsprachigen und mehrsprachigen Bilderbüchern; viele davon liegen auch in deutscher Sprache vor. Auch wenn die Kinder selbst noch nicht lesen können, so ist doch das Vorhandensein von muttersprachlicher Schrift und erst recht das Vorlesen durch Eltern oder Erzieherinnen von erheblicher sprachfördernder Bedeutung. In der Zeitschrift TPS (Heft 8/2005) befindet sich eine meines Wissens erstmals recherchierte aktuelle Liste fremdsprachiger und mehrsprachiger Bilderbücher.

Fast alle Büchereien bieten einen *Bücherkisten-Service* für Kindertagesstätten an. Die Kisten werden auf Wunsch auch zu Themenschwerpunkten zusammengestellt und können zu besonderen Bedingungen über einen längeren Zeitraum ausgeliehen werden. Mit ihnen kann der eigene Bestand immer wieder ergänzt und aufgefrischt werden, ohne dass die eigenen, meist unzureichenden Finanzmittel überstrapaziert werden müssen.

Die Bücherei sollte an einem gut zugänglichen Ort, aber nicht unbedingt im „trubeligen" Eingangsbereich der Einrichtung liegen. In ruhiger, anheimelnder Atmosphäre können Vorlesestündchen oder Kuschelpartys stattfinden. Hier können Kinder selbstständig Bücher anschauen, allein oder mit anderen. Ob die Bücher wie in einer richtigen Bibliothek ausgeliehen werden können, muss das Team gemeinsam mit den Kindern für sich entscheiden. Dass eine Büchersammlung eine Ordnung braucht, leuchtet ein. Sie muss allerdings gemeinsam mit den Kindern herausgefunden werden. Denn nicht immer ist die Ordnung der Erwachsenen für die Kinder nachvollzieh- und handhabbar. Am besten ist es also, die Bücherei zusammen mit den Kindern einzurichten und zu ordnen. Wie für die Werkstätten muss jemand für die Bücherei verantwortlich, d. h. vor allem für Kinder ansprechbar, sein.

Spiele, die das Lesen anregen

Im Gruppenraum, aber vielleicht auch in der Bücherei oder in der Schreibwerkstatt, sind Spiele nützlich, die zum Lesen „verführen".

Luise, vier, spielt das Spiel „Erstes Lesen".

Eine geniale Idee, das Lesen zu initiieren, ist das „Gezinkte Memory" aus der bereits erwähnten „Regenbogen-Lesekiste". Auf der Rückseite der Memory-Karten steht der entsprechende Begriff in Blockbuchstaben. Kinder, die noch nicht lesen können, merken schnell, dass sie das Memory schneller bewältigen, wenn sie sich an der Schrift orientieren. Zunächst vergleichen sie vielleicht die Anzahl der Buchstaben – zwei bei „EI", drei bei „EIS" und „ZUG", vier bei „HAUS".
Da die Fehlerkontrolle beim Memory eingebaut ist, erkennen Kinder bald, dass auch die Form der Buchstaben eine Rolle spielt, dass man genau hinschauen muss, denn „HASE" und „NASE" beispielsweise sehen sich ziemlich ähnlich. Eine Anlauttabelle leistet auch hier gute Hilfe.

Ein „Gezinktes Memory" kann auch selbst hergestellt werden mit Bildern, die die Kinder selbst gemalt haben, mit Fotos von Dingen, die den Kindern wichtig sind. Das schafft unmittelbar einen persönlichen Bezug und motiviert zum Spielen.

Memory kann man allein spielen so wie hier Elias, fünf, …

… oder zu zweit wie Sophie, vier, und Mara, dreieinhalb.

Es gibt im Handel eine ganze Reihe von Spielen, die das Lesen anregen. Stellvertretend seien hier genannt: „Erstes Lesen" von Ravensburger, „Lesehexe", „Mäuse-ABC" und „Buchstabix" von HABA oder Domino-Spiele, die mit Bildern und Wörtern arbeiten. Ähnlich wie das „Gezinkte Memory" können solche Domino-Spiele auch selbst hergestellt werden.

Ein überaus anregendes Spiel ist „Wer ist Wally?" vom Kallmeyer Verlag, das in vielen Variationen Kinder so zum Lesen verführt, dass sie es (fast) gar nicht merken. Es kann als besondere Form des Memorys, des Quartetts, aber vor allem als originelle Form einer Beschreibung der mitgelieferten Holztiere gespielt werden. Im Ausschlussverfahren wird ermittelt: „Wally hat keine Federn", „Wally lebt nicht im Dschungel", also: „Wer ist Wally?" Unbedingt empfehlenswert! Die Kinder der „Schlümpfe-Gruppe" haben das Spiel geliebt – und in der Stadtteilbibliothek Mainz-Kastel ist es ein Ausleihrenner.

Ebenfalls ein ganz besonderes „Lese"-Spiel ist das „Türchen-Spiel": In einem Holzrahmen liegt ein Blatt mit einem Buchstaben. Es wird verdeckt durch zwölf abhebbare Holztürchen. Durch Aufdecken der Türchen wird allmählich der Buchstabe sichtbar. Ziel ist es, mit möglichst wenig „geöffneten" Türchen den Buchstaben zu erkennen. Versierte Buchstabenkenner sind da natürlich im Vorteil!
Eine witzige Idee ist das „Alphabet für die Hosentasche" aus der Regenbogen-Lesekiste:

Die Welten der Schrift
für die Streichholzschachtel.

Die Kopiervorlage auf Seite 126 wird in vier Längsstreifen geschnitten, die – in der richtigen Reihenfolge aneinander geklebt – das Alphabet ergeben. Ziehharmonikaförmig gefaltet passt nun das Alphabet in eine Streichholzschachtel, die wiederum in die Hosentasche passt. So hat man das Alphabet für alle Eventualitäten parat – die mobile Anlauttabelle.

KAPITEL V

Kinder im letzten Kindergartenjahr vollziehen den Rollenwandel vom Kindergartenkind zum Schulkind. Sie sind neugierig auf die Schule, beschäftigen sich aber auch mit den Ungewissheiten und Befürchtungen, die der neue Lebensabschnitt mit sich bringt. Entsprechend stellen sie aus ihrer subjektiven Sicht Fragen, die der Übergang in die Schule für sie bereithält. Dieses Kapitel zeigt, wie Kinder diesen Übergang selbsttätig bewältigen können, wenn sie dabei ihre tatsächlichen Themen – auch schreibend – verfolgen können.

Schule „in echt" erleben

Das letzte Kindergartenjahr

Kinder, die im Kindergartenalltag vielfältige Möglichkeiten hatten, die Schrift auszuprobieren, haben erwiesenermaßen gute Voraussetzungen für einen gelingenden Schriftspracherwerb in der Schule. Wenn sie Zeit und Gelegenheit bekamen, sich der Schrift anzunähern, war das gut genutzte Zeit. In der Regel sind die Kinder jetzt sehr gespannt darauf, ihre Schriftkenntnisse in der Schule anzuwenden. Sie sind neugierig darauf, wie es ist, *richtig* zu schreiben. Durch ältere Geschwister oder Freunde wissen sie vielleicht schon, dass in der Schule Diktate geschrieben werden, dass man beim Schreiben Fehler machen kann und dass es dafür Noten gibt. Sie haben eine ungefähre Vorstellung davon, dass sich der Kindergartenalltag stark vom Schulalltag unterscheidet. Das teilt sich ihnen sozusagen „atmosphärisch" in Äußerungen älterer Kinder über ihre Schulerfahrungen oder im Tonfall der Erwachsenen mit, wenn sie über Schule reden. Kinder hören den angespannten Unterton heraus, wenn im Zusammenhang mit der Einschulung vom „Ernst des Lebens" die Rede ist, der dann beginnt. Einerseits sind sie also sehr neugierig auf die Schule, andererseits aber auch ängstlich gespannt, was da auf sie zukommt, ob sie den Erwartungen und Anforderungen wohl genügen werden.

Im letzten Jahr vor der Einschulung haben Kindergartenkinder immer wieder Fragen, Neugier, aber auch Ängste vor dem Neuen

Das letzte Kindergartenjahr muss deshalb genutzt werden, die Kinder zum einen auf die Schule in der Art vorzubereiten, dass sie sich bereits jetzt schon mit dem Schulalltag und den neuen Erwartungen an sie auseinander setzen können und sie sich damit auf ihre neue Rolle als Schulkind einstimmen, und zum anderen dafür, die Kinder in ihren schon erworbenen Kompetenzen zu bestärken.

Wenn Kinder Schule „in echt" erleben wollen

Meist kommt von den Vorschulkindern selbst der Wunsch zu erfahren, wie es in der Schule zugeht und dabei zeigt sich, dass sie schon einiges über den Schulalltag wissen. Rosy Henneberg beschreibt eindrucksvoll, wie sie mit dem Thema Schulvorbereitung in der Roten Gruppe in Reinheim umgegangen ist und wie die Kinder sie immer wieder mit ihrem Wissen überrascht haben: *„Die Kinder und ich trafen uns zum ersten Vorschultreffen vor der Tür eines ‚fremden' Gruppenraums; der eigene war ja Kindergarten. Hier sollte in der nächsten Zeit unser ‚Klassenraum' sein. Bevor wir diesen nun zum ersten Mal betraten, verwandelten wir uns alle: Wir gaben uns vor der Tür die Hand, schlossen die Augen, atmeten tief durch und fühlten uns von nun an für eine bestimmte Zeit wie ‚echte Schulkinder' bzw. als ‚echte Lehrerin'. Von Beginn an zeigten die Kinder, dass sie bereits genaue Vorstellungen davon hatten, wie Schule ist. Schon als ich die Tür öffnete und den Raum betreten wollt, wurde ich von Jana zurückgehalten: ‚Nein, so geht das aber nicht. Erst gehen die Kinder rein und du kommst dann und machst erst die Tür auf und wir müssen dann ‚guten Morgen' zu dir sagen. Das ist auch bei meinem Bruder in der Schule so." „Nach der ersten Schulstunde – wir haben uns über Wellensittiche unterhalten und ein Ausmalblatt dazu angemalt – waren die Kinder begeistert und ich schweißgebadet. Als ‚Lehrerin' war es meine Aufgabe, klare Arbeitsanweisungen zu geben und deren Einhaltung zu begleiten. Immer wieder drohte ich ‚aus der Rolle zu*

Die „Schulstunde" der Roten Gruppe in Reinheim, wo die Kinder Schule „in echt" erleben

fallen' und den Kindern mehr Freiraum für ihre Entscheidungen zu öffnen. Ich hielt es kaum aus. Die Kinder aber wachten darüber, dass ,in echt' Schule gespielt wird. Und da bestimmt eben fast immer die Lehrerin. Und als die ,Lehrerin' am Schluss vergessen hatte, Hausaufgaben aufzugeben, machte Milena sie darauf aufmerksam und alle nahmen schließlich noch ein Arbeitsblatt mit nach Hause" (Henneberg 2004, S. 112).

Hier wird die Ernsthaftigkeit deutlich, mit der sich Vorschulkinder der neuen Situation zu stellen. In einem „Als-ob-Spiel" nähern sie sich ihr an und bewältigen auf diese Weise auch die Angst davor. Sie wollen Schule „in echt" erleben, also auch mit allen bislang nicht gekannten Einschränkungen wie Stillsitzen, Fragen, wenn man auf die Toilette muss, Wortmeldung und Warten, bis man aufgerufen wird usw. Rosy Henneberg: *„Was ich dabei gelernt habe, ist vor allem, dass sich Kinder auch etwas zumuten wollen. Sie wollen überhaupt nicht vom Ernst des Lebens ferngehalten werden. Sie wollen ihn aktiv ausprobieren und sich darin üben"* (Henneberg 2004, S. 112).

Kinder wollen sich ernsthaft mit der Schule auseinander setzen

Wenn es in der Einrichtung einen Hort gibt, könnten die Vorschulkinder die Hortkinder einladen, damit sie ihnen von der Schule erzählen. Reine Kindergartengruppen könnten die älteren Geschwister der Kinder oder ehemalige Gruppenkinder, die jetzt in die Schule gehen, einladen, die Vorschulkinder zu besuchen, um ihre Fragen zur Schule zu beantworten. Es könnten Patenschaften entstehen, die es den Vorschulkindern ermöglichen, mehr über den Schulalltag zu erfahren, vielleicht sogar einmal zusammen mit einem Patenschulkind einen Schultag zu erleben?

Natürlich nützt es den Kindern auch, wenn sie schon vorher Kontakt mit ihrer zukünftigen Lehrerin haben und vielleicht schon im Vorfeld ihren Klassenraum kennen lernen können. Aber das ist (noch) nicht überall üblich, obwohl sich auch in dieser Hinsicht Veränderungen abzeichnen.

In Gruppen mit erweiterter Altersmischung sind Vorschulkinder täglich im Kontakt mit Schulkindern der eigenen Gruppe. Oft dürfen sie beim Hausaufgabenmachen dabei sein. Die Großen geben ihnen „Hausaufgaben" auf, kontrollieren und benoten sie. Die Kleineren hören die Geschichten aus der

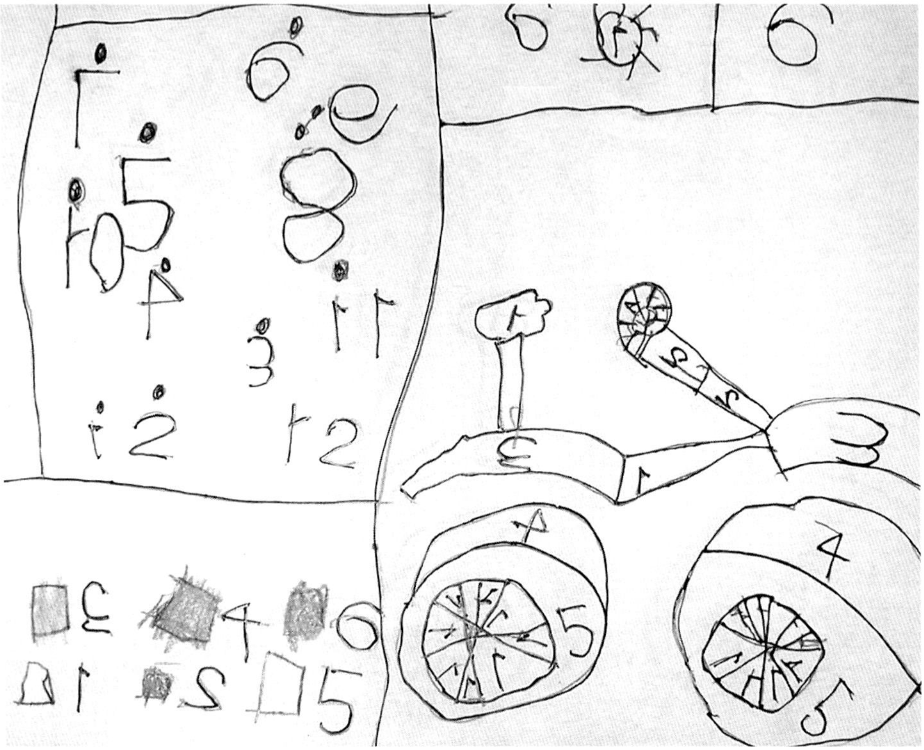

Valentin, fünf, hat selbst ein Arbeitsblatt entworfen, das in der „Schulstunde" genutzt wird

Schule und wünschen sich fast alle nichts sehnlicher, als endlich auch Schulkind zu sein und zu den Großen zu gehören, mit eigenem Arbeitsplatz im Schulkinderraum, einem Schulranzen, einem Mäppchen. Sie wollen wie die Großen schreiben, lesen und rechnen können.

Naturgemäß spielt die Schriftsprache beim Schulespielen eine große Rolle: Ganz selbstverständlich wird Schrift genutzt. Hausaufgaben müssen gemacht werden, Arbeitsblätter werden bearbeitet. Ein Stundenplan wird entworfen und für alle kopiert. Je mehr Sicherheit die Kinder gewinnen, umso besser können sie sich auf neue Ideen und Herausforderungen einlassen, zum Beispiel auf das Entwerfen eigener Arbeitsblätter, das Verfassen und Nacherzählen von Geschichten, die Herstellung eigener Bücher usw.

Der Gebrauch von Schrift und Zahlen ist für die meisten sechsjährigen Kinder schon so selbstverständlich, dass sie ihre bereits erworbenen Fähigkeiten ohne weiteres anwenden. Von Rosy Henneberg haben die Kinder einiges verlangt. Sie musste „richtig" Lehrerin sein, also streng und unnachgiebig, musste wie eine „echte" Lehrerin vor der Türe warten und erst hereinkommen, wenn alle sitzen, musste sich sogar mit ansehen, wie die Kinder beim Eintreten aufstehen und „wie in echt" im Chor „Guten Morgen, Frau Henneberg" rufen. Sie musste Arbeitsblätter herbeischaffen und Aufgaben stellen. Was die Kinder aber nicht verlangt haben, war, dass sie mit ihnen das Schreiben übt. Ganz selbstverständlich haben sich die Kinder bereits der Schrift bedient, ganz so, wie es heute in Grundschulen in einem „offenen Anfangsunterricht" immer häufiger erlaubt wird.

Die Aktivitäten im letzten Kindergartenjahr bieten viele Möglichkeiten für einen selbstbestimmten Schriftsprachgebrauch

Alles spricht also dafür, das letzte Kindergartenjahr intensiv zu nutzen für einen selbstbestimmten Schriftsprachgebrauch. Natürlich heißt das eben nicht, die Kinder vorgefertigten Schreibprogrammen auszusetzen und sie mechanisch Schriftzeichen üben zu lassen, wie das im Vorschuljahr noch immer und wieder zunehmend geschieht. Alle Vorschläge im vorigen Kapitel für den Schriftgebrauch im Alltag lassen sich für eine intensive Schulvorbereitung nutzen.

Aber auch die im Vorschuljahr in vielen Einrichtungen weit verbreiteten Besuche bei Feuerwehr, Polizei, Bäckerei, Zoo oder sogar einem Planetarium usw. können als ganz besondere Schreibanlässe genutzt werden. Die Kinder können erzählen, was sie erlebt haben, die Erwachsenen schreiben es für sie auf. Mit Bildern der Kinder kann eine Wandzeitung oder ein Buch daraus werden, das für alle kopiert wird und in die „Erinnerungskiste" kommt, die die Kinder vielleicht als Abschiedsgeschenk erhalten. Auch die Wortschatzkiste (s. Seite 94) kann anschließend mit neuen Lieblingswörtern wie zum Beispiel „Teigknetemaschine", „Pluto" oder „Polizeihund" bereichert werden.

Gerade Ausflüge lassen sich gut für „Buchstaben- oder Wortsammelaktionen" nutzen. Anschließend kann über Form und Bedeutung der Buchstaben geredet werden. Sie können gezählt, geordnet und zu Wörtern zusammengesetzt und immer wieder aufgeschrieben werden usw. Und wenn es nicht schon vorher geschehen ist, dann ist im letzten Kindergartenjahr allerhöchste Zeit für einen Bibliotheksbesuch!

Keine Angst vor Rechtschreibfehlern

Wie wir gesehen haben, bedeutet Schreibenlernen in der Vorstellung der meisten Erwachsenen noch immer in erster Linie Rechtschreibung lernen. Das erschwert den unbelasteten Umgang mit den naturgemäß „fehlerhaften" Schreibversuchen der Kinder vor der Schule. Eltern und Erzieherinnen befürchten, die unkorrekten Schreibweisen könnten sich erhalten, würden sich quasi „einschleifen", wenn man ihnen nicht entgegenwirkt. Hier ist zur Beruhigung zu sagen: Wenn Kinder die vorhergehenden Phasen der Schriftentwicklung eigenaktiv durchlaufen konnten, *Preliteracy*, also die ersten Schreibkompetenzen erwerben konnten, dann sind sie auch – irgendwann und individuell unterschiedlich – bereit für die Rechtschreibung. Dann wollen sie von sich aus wissen, wie ein Wort „richtig" geschrieben wird.

Die Bereitschaft zu ortografisch wichtiger Schreibweise stellt sich bei Kindern irgendwann ein

Ein „offener Anfangsunterricht", in dem auf die unterschiedlichen Voraussetzungen der Kinder bei Schulbeginn Rücksicht genommen wird, erleichtert es ihnen enorm, sich auf ihrem eigenen Weg die Orthografie zu erschließen. Eine Reihe von Erfahrungsberichten und Dokumentationen bestätigen das.

Der französische Reformpädagoge Célestin Freinet hat schon um 1920 die Fibel abgeschafft und stattdessen die Kinder so genannte Freie Texte, also Texte ohne jedwede inhaltlichen und formalen Vorgaben und vollkommen freiwillig, schreiben lassen. Anschließend wurden die Texte, die die Kinder selbst ausgewählt haben, mit der Klassendruckerei gedruckt. Gedrucktes aber, da waren sich die Kinder einig, darf keine orthografischen Fehler aufweisen! Deshalb wurden diese Texte – aber auch nur diese! – gemeinsam überprüft und berichtigt. Sie wurden an andere Schulklassen verschickt und in einer Kinderzeitung frankreichweit veröffentlicht.

Über den ständigen Schriftgebrauch beim Verfassen für sie bedeutsamer Texte lernten die Kinder auch die richtigen Schreibweisen der Wörter, aber auch, dass Schreiben immer etwas mit ihnen selbst zu tun hat, nämlich eine wichtige Form des „freien Ausdrucks" für ihre Gedanken, Gefühle und Erlebnisse ist (vgl. Freinet 2000, S. 319 ff.).

Gudrun Spitta, Professorin an der Universität Bremen, hat in den achtziger Jahren des letzten Jahrhunderts als Grundschul-

Mehmet kopiert Schrift von seiner eigenen Vorlage

lehrerin in einer Kreuzberger Grundschule mit hohem Ausländeranteil mit den Kindern ein eigenes Lesebuch erarbeitet, anstatt einen Fibellehrgang zu verwenden. Nach gemeinsamen Erlebnissen, wie Ausflügen oder Zoobesuchen, ließ sie die Kinder erzählen, was für sie dabei wichtig war. Anfangs schrieb sie es für die Kinder an die Tafel und die Kinder schrieben die Geschichte ab. Mit zunehmender Schriftkompetenz schrieben die Kinder selbst. Über das tägliche Schreiben entwickelten die Kinder allmählich fast „nebenher" die erforderlichen Rechtschreibmuster. Nach Ende der vierten Klasse konnten alle Kinder orthografisch annähernd korrekt schreiben und lesen (vgl. Spitta 1986).

Auch der Schweizer Lehrer Jürgen Reichen, der heute in der Lehrerausbildung tätig ist, wendet sich entschieden gegen die Überbewertung der Rechtschreibung in der Schule. Ihm ist viel wichtiger, dass die Kinder die Schriftsprache als Kommunikations- und Ausdrucksmittel schätzen lernen, anstatt sich mit dem isolierten Lernen der Rechtschreibung abzuquälen. Mit *Lesen durch Schreiben* hat er eine Methode entwickelt, mit der Kinder selbstbestimmt und eigenaktiv mit Hilfe der schon bekannten Anlauttabelle schreiben lernen – und über den ständigen

Schriftgebrauch sozusagen als „Abfallprodukt" auch das Lesen und die Rechtschreibung. Reichens Methode ist heute in deutschen Grundschulen weiter verbreitet als man vielleicht denkt.

Die Bedeutung korrekter Schreibweise darf die Lust am Schreiben nicht verdecken

Um ein Bild davon zu bekommen, mit welcher Hingabe und Ausdauer, mit welchem Ideenreichtum Kinder in der Schule von sich aus auch längere Texte schreiben, ist die Filmreihe „Lob des Fehlers" von Reinhard Kahl sehr zu empfehlen. Dort wird u. a. von einer Baseler Klasse berichtet, in der bereits fünf Wochen nach der Einschulung alle Kinder schreiben können! „Alle Kinder?", fragt der Reporter die Klassenlehrerin ungläubig und fügt, nachdem er sich die geschriebenen Geschichten der Kinder angesehen hat, hinzu: „Die Kinder können hier sehr viel, aber sie machen natürlich nach herkömmlichen Verständnis auch viele Fehler." Ursula Müssle, die Lehrerin der schreibenden Erstklässler, antwortet darauf mit einem Lächeln im Gesicht, dem man die Freude darüber tatsächlich abnimmt: „Aber sie machen tolle Fehler und sie machen immer andere, immer neue!"

Natürlich sollen Kinder wissen, wie Wörter richtig geschrieben werden. Aber alles zu seiner Zeit! Gerade beim Schriftspracherwerb erweist es sich als kontraproduktiv, wenn der zweite Schritt vor dem ersten getan werden soll, wenn also vor dem sicheren Umgang mit der Schriftsprache die korrekte Rechtschreibung eingefordert wird. Das führt, um im Bild zu bleiben, zum Stolpern, im schlimmsten Fall zum Sturz und fast immer zu manchmal nicht wieder gut zu machenden Verletzungen. Lernstörungen können die Folge sein.

Auch wenn nicht alle Lehrerinnen und Lehrer ihren Unterricht so gestalten, dass Kinder ihren eigenen Weg zum Schreiben und Lesen gehen dürfen: Die Erfahrungen, die Kinder mit der Schrift vor der Schule gemacht haben, kann ihnen niemand nehmen. Diese Erfahrungen gilt es gerade im Vorschuljahr zu bestärken und immer wieder zu bestätigen, indem Kinder die Möglichkeit erhalten, Schrift zu *gebrauchen*.

Anhang

Verwendete Literatur

Die mit * gekennzeichneten Titel enthalten Dokumentationen früher Schreibprozesse.

Andresen, Ute: Ausflüge in die Wirklichkeit. Grundschulkinder lernen im dreifachen Dialog. Weinheim u. a. 2000.

Baghban, Marcia: Die Lall-Phase des frühen Schreibens. Zusammengefasst und kommentiert von Hans Brügelmann. In: Welten der Schrift in der Erfahrung der Kinder, Konstanz 1987. S. 122 – 132.*

Blumenstock, Leonhard: Michael schreibt. Heinsberg 1986.*

Brinkmann, Erika: Lisa lernt schreiben. In: Wie wir recht schreiben lernen. Lengwil 1994. S. 35 – 42.*

Brügelmann, Hans: Jeder spricht anders. Konstanz 1989.

Brügelmann, Hans: I OI oder FIA ROISA? Kinder erfinden die Schrift – Schreibversuche am Schulanfang. In: Wie wir recht schreiben lernen. Lengwil 1994.

Brügelmann Hans: Die Schrift erfinden. Lengwil 1998.

Butzkamm, Jürgen: Wie Kinder zur Sprache kommen. In: TPS Heft 9 – 10/2004, S. 62–66.

Elschenbroich, Donata: Weltwissen der Siebenjährigen: Wie Kinder die Welt entdecken können. München 2001.

Elschenbroich, Donata und Otto Schweitzer: Ins Schreiben hinein: Kinder auf der Suche nach dem Sinn der Zeichen. Film 60 Min. DJI 2001. (Vertrieb: donata.elschenbroich@t-online.de)

Elschenbroich, Donata: Ins Schreiben hinein. Internetausdruck 2004. www.liga-kind.de/pages/401elschenbroich.htm.

Freinet, Célestin: Pädagogische Werke Bd. 2, Paderborn u. a. 2000.*

Freinet, Célestin: Verlasst die Übungsräume. In: Immer noch der Zeit voraus – Kindheit, Schule und Gesellschaft aus dem Blickwinkel der Freinet-Pädagogigk. Bremen 1996.

Heinrich, Karin: Schrift Sprache Erobern. Essen 1992.

Henneberg, Rosy: „… weil wir da überlegen können, wie Schule geht." Wenn Kinder Schule üben wollen. In: Henneberg, Rosy/Klein, Helke/Klein, Lothar/Vogt, Herbert (Hrsg.): Mit Kindern leben, lernen, forschen und arbeiten. Kindzentrierung in der Praxis. Seelze: Kallmeyer 2004.

Henneberg, Rosy/Klein, Helke/Klein, Lothar/Vogt, Herbert (Hrsg.): Mit Kindern leben, lernen, forschen und arbeiten. Kindzentrierung in der Praxis. Seelze: Kallmeyer 2004.

Kretschmann, Rudolf u. a.: Analphabetismus bei Jugendlichen. Ursachen, Erscheinungsformen. Stuttgart 1990.

Kretschmann, Rudolf: Lesen, Schreiben, Rechnen – schon im Kindergarten? In: Kindergärten und ihre Zukunft, Weinheim 2004.

LeBohec, Paul: Verstehen heißt Wiedererfinden: Natürliche Methode und Mathematik. Bremen: Pädagogik-Kooperative. 1994.

Liedel, Marianne: Schreibanfänge. In: Schreibenlernen und Schriftspracherwerb, hrsg. von Günther Schorch. Bad Heilbrunn 1992. S. 33 – 41.

Mauthe-Schonig, Doris u. a.: Mit Kindern lesen im ersten Schuljahr. Weinheim 1991.

Montessori, Maria: Kinder sind anders. München 1997.

Pesch, Ludger: What's going on in the Early Excellence Centres (EEC)?
In: klein & groß, 7 – 8/2003.

Reichen, Jürgen: Hannah hat Kino im Kopf. Die Reichen-Methode LESEN DURCH SCHREIBEN und ihre Hintergründe für LehrerInnen, Studierende und Eltern. Hamburg 2001.

Schäfer, Gerd E.: Bildung beginnt mit der Geburt. Weinheim u. a. 2004.

Scheerer-Neumann, Gerheid / Kretschmann, Rudolf / Brügelmann, Hans: Andrea, Ben und Jana. In: ABC und Schriftsprache, Konstanz 1986.*

Spitta, Gudrun: Kinder schreiben eigene Texte: Klasse 1 und 2. Bielefeld 1985.

Tenta, Heike: Schrift- & Zeichenforscher. Was Kinder wissen wollen. München 2002.

Valtin, Renate: Stufen des Lesen- und Schreibenlernens. Schriftspracherwerb als Entwicklungsprozess. In: Handbuch Grundschule Bd. 2. Weinheim 1993.

Wie wir recht schreiben lernen: 10 Jahre Kinder auf dem Weg zur Schrift. Hrsg. von Hans Brügelmann und Sigrun Richter. Lengwil 1994.

Wygotski, L. S.: Denken und Sprechen. Frankfurt 1977.

Praktische Tipps für die Arbeit mit Schrift im Kindergarten:

Blumenstock, Leonhard: Spielerische Wege zur Schriftsprache im Kindergarten. Weinheim u. a. 2004.

Dickert / Bobzin / J. Möhring: Von geheimen Schriften und unsichtbaren Tinten. Hamburg 1993.

Brookfield, Karen: Schrift – Von den ersten Bilderschriften bis zum Buchdruck. Hildesheim 1993.

Goos, Karl P. / Mattey, Christoph: Von Blättern zu Büchern – Buchbinden kann jeder. Mülheim 1992.

Sukopp, Inge: Kinder machen Bücher: Praxisbeispiele für Kindergarten, Vorschule und das 1. Schuljahr. München 1996.

Tenta, Heike: Schrift- & Zeichenforscher. Was Kinder wissen wollen. München 2002.

Vom Zeichen zur Schrift: Begegnungen mit Schreiben und Lesen im Kindergarten. Hrsg. von Petra Zinke u. a. Weinheim 2005.

Für fortgeschrittene „Schriftkundige": Bücher mit Wort- und Sprachspielen:

Andresen, Ute: Versteh mich nicht so schnell. Gedichte lesen mit Kindern. Weinheim 1992.

Böseke, Harry: Geschichtenzirkus. Schreib- und Sprachspiele für Eltern und Kinder. Velber 1999.

Böseke, Harry: Spiele mit Worten. Velber 1999.

Die Musenkussmischmaschine. 128 Schreibspiele. Essen 1992.

Portmann, Rosemarie: Mit Sprache spielen. München 1997.

Bücher, die dazu anregen, sich mit Sprache und Schrift zu beschäftigen:

(eine sehr kleine, sehr subjektive Auswahl)

Andresen, Ute: ABC und alles auf der Welt. Weinheim 2002.

Browne, Anthony: Willi und Hugo. Oldenburg 1991 (vergriffen).

Budde, Nadia: Eins, Zwei, Drei, Tier. Wuppertal 2000.

Budde, Nadia: Trauriger Tiger toastet Tomaten. Wuppertal 2000.

Busch, Irene: Dem Zebra tat ein Zahn mal weh. Gedichte für Kinder und ihre Erwachsenen. Oberwesel 2002.

Carle, Eric: Eric Carles Tier-ABC. Hildesheim 1999.

Carle, Eric: Die kleine Raupe Nimmersatt. Hildesheim

Dunkel war's der Mond schien helle. Verse, Reime und Gedichte. Mit Ill. von Rotraut Susanne Berner. Hildesheim 1999.

Erlbruch, Wolf: Vom kleinen Maulwurf, der wissen wollte, wer ihm auf den Kopf gemacht hat. Wuppertal 2001.

Eschweiler, Christoph/Brenneisen, Wolfgang:
Vom Apfelaffen zum Zauberzebra – Unerhörte ABC-Geschichten für unerschrockene Kinder.
Stuttgart, Wien 1993 (vergriffen).

Guggenmos, Josef: Oh, Verzeihung, sagte die Ameise. Weinheim 1990.

Maar, Paul: Der Aufzug. Weinheim 2002.

Maar, Paul: Dann wird es wohl das Nashorn sein. Weinheim 1997.

Maar, Paul: Die Maus, die hat Geburtstag heut'. Hamburg 1997.

Maar, Paul: Tier-ABC. Hamburg 1983.

Neun nackte Nilpferddamen. St. Pölten 2003.

Tidholm, Anna-Clara: Klopf an! München 1992.

Weitere Materialien

Jede Menge weiteres Material (u. a. die Anlauttabelle der „Regenbogen-Lesekiste) gibt es bei: Vpm (Verlag für pädagogische Medien), Unnastraße 19, 20253 Hamburg, Tel. 0511/40004175, Mail: leserservice@vpm-verlag.de, Internet: vpmonline.de

„Drucken und Lernen", Bleichstraße 12, 26122 Oldenburg, Tel. 0441/16334 (Hier gibt's vor allem Druckmaterial.)

Freinet-Kooperative, Sielwall 45, 28203 Bremen, Tel. 0421/344029, Mail: mail@freinet-kooperative.de, Internet: www.freinet-kooperative.de (Hier gibt es noch Reste der mit * gekennzeichneten Materialien.)

Die Autorin

Helke Klein

Jg. 1953, ist Diplom-Bibliothekarin und hat über zehn Jahre die Kinder- und Jugendbibliothek in Wiesbaden geleitet. Sie war acht Jahre als Erzieherin in einer Kindertagesstätte mit großer Altersmischung tätig und hat berufsbegleitend eine Ausbildung in Systemischer Beratung / Familientherapie gemacht. Seit 2003 arbeitet sie wieder als Diplom-Bibliothekarin in der Stadtbibliothek Wiesbaden. Ihre Schwerpunkt-Themen in der pädagogischen wie der bibliothekarischen Arbeit sind der Schriftspracherwerb vor der Einschulung sowie die Förderung von Literacy, vor allem in Form von Schreibwerkstätten. Sie arbeitet in der Fortbildung von Erzieherinnen und schreibt Beiträge für Fachzeitschriften.

Anschrift
Köpfchenweg 24, 65191 Wiesbaden
E-Mail: Helke.Klein@balance-paedagogik.de